はじめての仏教学 ―ゴータマが仏陀になった

宮下晴輝
Miyashita Seiki

はじめての仏教学 ―ゴータマが仏陀になった

もくじ

第1章 仏教が成立した時代と背景……7
お釈迦さまはどんな人だったのか？……8
お釈迦さまが生きた時代と社会……16
沙門の時代……24
第2章 青年ゴータマの問い……33
青年ゴータマの出家―四門出遊の物語……34
老病死―仏教の問題領域……42
無常を知る……51
第3章 歩み出した沙門ゴータマ……61
出家する心……62
沙門ゴータマの苦行……72
苦行の放棄……81

第4章 ゴータマが仏陀になった……91
菩提樹下での思索……92
仏陀ゴータマ……103

第5章 仏陀の説法……113
初転法輪に向かって……114
最初の説法……124
無我の教説……135

第6章 心を一つにして歩む者たちの集い……145
仏法僧──三宝……146
仏弟子たち……156
仏弟子の信仰……167
四姓平等……177

第7章　大般涅槃と経典の編纂……187
晩年のお釈迦さま……188
大般涅槃……197
阿含経の成立……207
あとがき……217

第1章　仏教が成立した時代と背景

お釈迦《しゃか》さまはどんな人だったのか？

はじめに

仏教とは何だろうか。誰しもがこんな疑問を抱いたことがあるのではないでしょうか。しかしまた、仏教はとても身近にあるようだけど、自分には特に信仰があるわけではないし、生活するのに仏教がなくても何もさしさわりがない。現代人の多くはこんなふうに考えているようにも思います。

確かに、「地獄」と「極楽」、あるいは「坐禅」と「念仏」といったように、私たちは多くの仏教の言葉を知っていますが、本当にそれらが何を意味するのかを理解している人は少ないのではないでしょうか。またその一つひとつの意味を調べてみても、とても難解なように思われ、この現代の生活にとって関係があるのだろうかと疑ってしまいます。

本書では、仏教の基本的な思想とは何かということを、その源にまでさかのぼって、現代人の一人としてどう関係しているのかということを尋ねてみようと思います。そして今日にいたるまでの歴史的経緯について学ぶための視点を得ることができればと願っています。

「仏陀《ぶっだ》」という言葉の意味

まずは「仏陀」という言葉について述べたいと思います。当然「仏陀」という言葉自体は誰でも耳にしたことがあるかとは思いますが、この言葉が一体何を意味するのかあらためて考えるとなかなか難しいかもしれません。

「仏陀」という言葉は、「目覚める」という動詞があって、その過去分詞形です。ですから意味としては「目覚めた人」ということです。「目覚める」という言葉自体は難しくありませんが、お釈迦さまが「仏陀」、つまり「目覚めた人」と呼ばれたのはどのような意味なのでしょうか。このことが問題なのであって、単に言葉の意味を知ったとしても、仏教について何かがわかったことにはならないのです。

お釈迦さまと家族の名前

「仏陀」の意味をさらに尋ねる前に、お釈迦さまとその家族について私たちが使っている言葉を整理しておきましょう。

まず「釈迦」（サーキャ）というのは、釈迦族という部族の名前です。そして「釈迦牟尼《しゃかむに》」（サーキャムニ）ですが、牟尼とは「尊者」を意味するインドの言葉を音写したもので、「釈迦族出身の尊者」といった意味であり、それを省略した呼び名が「釈尊《しゃくそん》」です。続いて、あまり使いませんが「瞿曇《くどん》」という名前もあります。この名前は、お釈迦さまのファミリーネームである「ゴータマ」を音写した言葉です。これに対して、名を表わすファーストネームである「悉達多《しつだった》」（シッダッタ）と呼ばれることもあります。

次にお釈迦さまの家族を表わす言葉ですが、「浄飯王《じょうぼんおう》」（スッドーダナ）というのはお釈迦さまの父親です。名前に「王」とついていますが、大きな権力者というよりは、部族の長というぐらいの意味です。そして、お釈迦さまの母親は「摩耶夫人《まやぶにん》」（マーヤー）と言いますが、この方はゴータマを生んで一週間後に亡くなっているので、その後実際にゴータマを養育されたのが、摩耶夫人の妹である「摩訶波闍波提《まかはじゃはだい》」（マハーパジャーパティ）です。

以上のようにお釈迦さまの家族を紹介してきましたが、お釈迦さまは部族の長の息子として生まれた、私たちと同じ一人の人です。この人が後に「仏陀」、つまり「目覚めた人」となったのです。ここで押さえておきたいのが、「ゴータマ」

と「仏陀」の関係です。まず「ゴータマ」というのは人の名前であり、固有名詞です。しかし「仏陀」は固有名詞ではなく、「ゴータマが仏陀になった」というように使われる普通名詞です。固有名詞には意味がなくてもよいのですが、普通名詞である「仏陀」は先ほど確認したように「目覚めた人」という意味をもった言葉なのです。

お釈迦さまが生きた時代

もう一歩踏み込んで考えると、「仏陀になった」とは、つまりどうなったということなのでしょうか。古代インドの人たちは「仏陀」という言葉をどのように使っていたのでしょうか。また、なぜ仏陀になろうとしたのでしょうか。目覚めた者というけれど、何に目覚めたのでしょうか…、というようにさまざまな疑問が湧いてきます。そういうことを含めて、〝ゴータマが仏陀になった〟とはいったい何を意味するのか。これが「仏教学」の課題なのです。

こうしたことを尋ねていくためには、まず一つにはお釈迦さまが生きた「時代」を考える必要があります。お釈迦さまが生きたのはいつの時代なのか、その場所はどんな地域だったのか、その時の文化・思想・宗教がどういったものであったのかについて、大まかにお話したいと思います。そしてそのような時代の中でゴータマという青年が、なぜ二十九歳で出家《しゅっけ》し、仏陀になったのかについて考えていこうと思います。

お釈迦さまの生存年代については、よくわかっていません。中国にはずいぶん古い歴史書がありますが、インドにはあまりないのです。インドの歴史については、インドで最初の大きな統一帝国・マウリア朝の第三代目の王であるアショーカ王という人が、文字を石柱に残しています。文字自体はこれより古くからありますが、はっきりと現存している文字としてはこれがインドの歴史の中で最も古いと言ってよいでしょう。この石柱を手掛かりに、アショーカ王が即位したのは紀元前二六八年であろうと言われています。さらに、アショーカ王が即位したのは、仏陀ゴータマが入滅してから約百年後、あるいは二百年後と伝承されています。百年後と二百年後、どちらの説が正しいかについてはまだ定説がありませんが、ここではお釈迦さまが生きたのは紀元前五六六〜四八六年という説を採用しようと思います。

お釈迦さまが生きた地域

次に場所についてです。お釈迦さまにまつわる聖なる場所として、四つの場所がよく挙げられます。(1)ルンビニー…お生まれになった場所〈誕生〉、(2)ブッダガヤー…覚りをひらかれた場所〈成道《じょうどう》〉、(3)サールナート…初めて説法された場所〈初転法輪《しょてんぽうりん》〉、(4)クシナガラ…生涯を終えられた場所〈入滅《にゅうめつ》〉、です。仏教はこの四つの場所を「四大聖地」としてとても大切にしてきました。

ルンビニーの西にカピラヴァストゥがあります。これが釈迦族の町です。そしてルンビニーとは森の名前で、現在のネパール側の国境辺りです。次にブッダガヤーは、ガンジス川の中ほどの南側にあります。その次に、初転法輪の場所であるサールナートは、ベナレスの町の近くです。そしてお釈迦さまが生涯を終えられたクシナガラは、ルンビニーの南にある地です。このようなガンジス川中流域の地域を、お釈迦さまは青年期から老年期に至るまで歩まれたのです。その距離を正確に示すのは難しいのですが、ブッダガヤーからサールナートまで直線距離にすると二三〇kmぐらいになるでしょう。

ここまでの話で、釈尊の生きた時代は紀元前六世紀から五世紀、場所はガンジス川中流域であると大まかに理解していただけたのではないかと思います。

お釈迦さまが生きた時代と社会

古代インドの宗教

次に、お釈迦さまが生きた時代の文化・思想状況や社会のありようを考えてみましょう。

紀元前六世紀から五世紀のガンジス川中流域というのは一体どういう社会で、どんな時代だったのか、歴史の中における特徴、どのような背景があって仏陀が生まれたのかを、少しさかのぼって考えたいと思います。

ヒマラヤ山脈からは数えきれないほど多くの川が流れ出て、インダス川やガンジス川となって海へと向かいます。

インダス川流域に、紀元前二三〇〇年頃から一八〇〇年ぐらいまで、世界四大文明の一つであるインダス文明を築いた人たちがいたと考えられています。どういう人たちであったかは、はっきりとはわかっていませんが、その都市文明が突然に滅びてしまったようです。その後に、紀元前一五〇〇年ころから、自分たちを「アーリア」と呼んだ民族が、この場所に新しく西から移り住んできました。「アーリア」とは、高尚という意味です。彼らは遊牧民でしたが、徐々に農耕生活を始め、定住していくことになります。

アーリア人は、馬に乗って牛を追う半遊牧半農耕の生活をし、居住地を拡大しつつ、またその土地の人々を征服し、東へ東へと彼らの社会が拡張進展していきました。最初は、紀元前十世紀ころまでにインダスの上流域のパンジャーブ地方（五河《ごが》地方）に定着しますが、紀元前八世紀ころにはヤムナー川とガンジス川の二つの川に挟まれたドゥアーブ地方（二河《にが》地方）が中心になります。この時代に、今日にまでいたるインドの社会制度が成立します。

どこの民族でも基本的には変わりませんが、古代インドの宗教においても、太陽や雨のような自然の力を神として仰ぎました。またそれらは擬人化されて、その神々の活躍についての物語を歌い讃えるのですが、それは当然自分たちの部族の繁栄や恵みを神々に祈るためのものという、素朴なものです。この神々への讃歌を編纂《へんさん》し、それを聖典としてずっと伝えていきます。一番古いものはリグ・ヴェーダで、リグとは讃歌という意味です。この中で一番活躍する力のある神さまはインドラという名前で、日本や中国では帝釈天《たいしゃくてん》という名前で伝わっています。この帝釈天が、アスラ（阿修羅《あしゅら》）という悪い神々と戦ったという物語が作られます。同じアーリア人でもイランに入った人たちは、ペルシア人ともいいますが、彼らにとっての最高神・善神の名はアフラ・マズダといい、インドの悪神・アスラと言葉は同根ですが、意味は正反対です。

祭式中心の部族社会

最初の聖典が成立してから二百年ほど時代が下がって、紀元前八世紀ぐらいのドゥアーブ地方では、神々を祀《まつ》るための儀式が重要な意味をもつようになります。戦争するには、どのような神を祀ってどのような歌を歌うのかとか、結婚式や葬式の儀式など、部族のあらゆることが儀式によって決定されていくような祭式中心の部族社会が生まれてきます。

さらに新たな社会制度も生まれてきます。カースト制度という言葉はご存知かと思いますが、ブラーフマナ（婆羅門《ばらもん》、司祭者《しさいしゃ》）、クシャトリヤ（刹帝利《せっていり》、戦士）、ヴァイシャ（吠舎《べいしゃ》、庶民）、シュードラ（首陀羅《しゅだら》、隷民《れいみん》）という四つのカーストがあります。前の三つはアーリアであり、最後の四番目は非アーリアとされます。これは征服した側と征服された側の区別になります。そしてこの身分制度はインドではヴァルナ制と呼ばれています。ヴァルナとは、本来は膚《はだ》の色を意味していて、それによって差別したのだと考えられます。これを、後にヨーロッパの人がやってきて、インドのカースト（階級）制だと言ったのです。

祭式が次第に複雑になり、それを専門とするには世襲の司祭者たちが必要になります。それがブラーフマナと呼ばれる階層を作ることになります。また、部族間の戦争のための戦士たちはクシャトリヤ、農民や職人などの一般の人びとはヴァイシャ、さらに隷民とされた人びとはシュードラと呼ばれました。

そして、神々に仕えるブラーフマナが最も清浄な生まれの者であり、それ以下になれば不浄となり、シュードラは最も不浄であるという価値づけをしました。しかも、このような最清浄であるブラーフマナを頂点とするヴァルナ制の秩序をさらに強く維持するために、四つのヴァルナ制の外側に、最不浄のチャンダーラと呼ばれる賤民《せんみん》をもうけました。紀元前八世紀ころにはすでにこの名前が出てきています。触れるだけで不浄となるという意味で、不可触民《ふかしょくみん》とも呼ばれました。ブラーフマナの最清浄であることと四つの階級秩序とが保証されているのは、他ならぬチャンダーラの最不浄によってなのです。

このようなカースト制度は、現代にまでそのまま残存し、現代インドの最も深刻な問題の一つとなっているのです。その社会制度の起源は紀元前十世紀ころにまでさかのぼりますが、紀元前八世紀ころの祭式中心主義の時代に成立し定着したと考えられます。

王国と交易都市の出現

我々が問題にしようとしているお釈迦さまの時代は、さらに二百年ほど下って、紀元前六世紀から五世紀であり、その社会の中心もまた、さらに東に行ったガンジス川中流域になります。この時代の特徴は、王国と交易都市の出現にあります。部族社会が続いていく中で、他の諸部族を武力によってしたがえた強力な部族が、王国として出現した時代です。十六もの大国があったと言われていますが、その中でも、ガンジス川の南側にあったマガダ国と、北側のコーサラ国の二つが大強国でした。この二つの国は仏教と非常に深い関わりを持つことになります。マガダ国の首都は、お釈迦さまの成道の地であるブッダガヤーの北東にあり、ラージャグリハ（王舎城《おうしゃじょう》）といいます。またコーサラ国の首都は、ガンジス川の北側に位置するシュラーヴァスティ（舎衛城《しゃえいじょう》）ですが、釈迦族の町であるカピラヴァストゥの西の近くにあります。釈迦族は、コーサラ国の支配下の一つの小さな部族であったと考えてください。王を名のっていたかもしれませんが、そうだとしても小国です。

この時代のもう一つの特徴は、交易都市が生まれたということです。それぞれの川沿いの要所に交易都市が出現しました。交易が盛んになれば、そこに莫大な富を積んだ本格的な商人が出現してきます。コーサラ国のシュラーヴァスティから、マガダ国の首都のラージャグリハまで、商人たちは頻繁に往来していたと考えられます。

このように王国と交易都市の出現によって、王族ともいわれるクシャトリヤたちや、ヴァイシャに属することになる商人たちが、社会の一大勢力となっていったのです。このようなことは、以前のブラーフマナを頂点とする祭式中心の部族社会では見られなかったことなのです。カースト制そのものが消滅したのではありませんが、社会の新興勢力の出現によって、これまでブラーフマナがもっていた圧倒的な権威は相対的に低下せざるをえませんでした。このような時代社会の中で、仏教が誕生したのです。

沙門《しゃもん》の時代

新たな宗教思想を求める人々

前にふれましたようにヴェーダの宗教は、本来からすれば部族の繁栄を祈ることがその中心であり、人々の人生から生ずる問いに答えるものではありませんでした。そこで自ら伝統的な宗教を離れて、新たな宗教思想を求める人たちが出てくるのです。その人たちを沙門と呼びます。ここにいまから考えていく重要な問題があります。

沙門と呼ばれる人たちは、家庭生活を捨てて出家するスタイルで求道《きゅうどう》しました。ここに古代インド社会の中で初めて出家という形が生まれます。出家した人というのは釈尊一人ではなく、この沙門と呼ばれる人たちがすでにたくさんいたのです。出家するというのは生活の根拠地を捨てるわけですから、男性にとっては家族を養うためにもっていた特定の生業《なりわい》を捨てることにもなります。では、出家した人はどうやって暮らしていくかと言えば、乞食《こつじき》をし、定まった住居をもたず、遊行《ゆぎょう》生活をするのです。その意味で沙門とは、自分の生活全体を求道にかけた者たちであると言えます。また、彼らは出家者という呼び方以外に、比丘《びく》（乞食する者）や遊行者とも呼ばれます。

また、こういう人たちが出てきた背景には、社会がそれを受けいれたということが考えられます。沙門たちは、当時社会の新興勢力であった王族や商人たちから尊敬され、支えられたのです。人々は、沙門たちを供養《くよう》したのです。そして道を達成した沙門たちは、人々に教えを説いたことでしょう。だからといって、このような社会状況の中でも、ブラーフマナ（婆羅門、司祭者）がいなくなったわけではありません。

沙門の課題

では沙門たちの求道とは、何を問題としたのでしょうか。この時代における沙門たちの共通の課題であったと考えられるものは、苦《く》、流転《るてん》（輪回《りんね》）、業《ごう》、解脱《げだつ》、涅槃《ねはん》の五つが挙げられます。これらの言葉は、仏教が伝えてきた言葉としてみなさんお聞きになったことがあるかと思います。しかし実は、これらを初めて問題にしたのは仏教ではなく、沙門たちなのです。

そこで苦が問題になりました。一人ひとりにはいろいろな悲しみや不安がありますし、伝統的なヴェーダの宗教では、部族社会の秩序と繁栄が大事であり、人の悲しみや不安に答えるものではなかったのです。沙門たちは、社会からも家族からも離れて、一人になり、人生をかけて、そのことを問い尋ねたのです。それはまた、萌芽《ほうが》としてであったにせよ、部族や民族を超えて、人間であることから生ずるような問いが、問われたのです。その意味で、はじめて個人が問題になってきた時代だと言えるでしょう。釈尊もまた、このような苦しみの中から歩みはじめられたのです。

この苦しみを表わすために、流転あるいは輪回という言葉が、この時代に初めて用いられました。サンサーラという語なのですが、中国で、流転生死とか輪回生死と漢訳されました。もとは「流れていく、流される」ことを意味しました。つまり、たどり着く行先もなく、根無し草のように流れ続け、みんな一緒に流されていくことを表わした言葉なのです。そしてこれが苦しみの表現であるというのは、自分たちの受けている苦しみとは、死ぬことで清算できるようなものではなく、また生まれる前からずっと引きずってきたものであるかのような、それほどに深く重いものであるということが、この流転するという言葉によって、物語的に語られているのです。

私たちは、インドの人たちがもともと流転とか輪回という発想を持っているのだと決めつけてしまいがちですが、沙門の時代である紀元前六～五世紀よりも前に流転の思想はありません。思想や見解は、時代とともに生まれるものだということでもあります。

またこの時代に、苦しみを業と関係づけました。業というのはカルマ、つまり人間の行為です。苦しみを生み出す原因として業、すなわち行為に注目したのです。ある性格をおびた行為を繰り返せば、それに応じた事態が当人に結果するという考え方です。業報思想といいます。善なる行為を続ければそれに応じた楽が結果し、悪しき行為を繰り返せばそれに応じた苦が結果するのです。流転の苦しみは、業報（業の結果）だと受けとめたのです。

では、このような苦しみからどうして解放されるのか。この苦からの解放は、解脱（モークシャ）という言葉で表現されました。解き放たれることを意味します。そこから解脱するその苦とは何であると理解するのか。そのことによって解脱の方法が問われ、様々な道が考えられました。

苦から解脱した世界を涅槃（ニルバーナ）と言います。苦しみの消滅を表わします。もともとこの言葉は、灯火の消えること、荒れ馬が調教されて静まること、細工のために熱せられた金が冷めることなどを表わしました。このように「消えて静かになる」というような意味がもとにあり、沙門たちは、苦しみの焦熱が消えて静かになった世界を涅槃と言ったのです。

同時代の沙門たち──六師外道《ろくしげどう》

釈尊と同時代の沙門たちとして、アジタ・ケーサカンバリン、パクダ・カッチャーヤナ、プーラナ・カッサパ、マッカリ・ゴーサーラ、ニガンタ・ナータプッタ、サンジャヤ・ベーラッティプッタという六人の沙門の思想が伝えられており、仏教の伝承では、「六師外道」と呼ばれています。彼らも、先に挙げた苦、流転、業、解脱、涅槃という沙門たちの共通の課題のもとに歩み出した者たちですが、それぞれが到達したのは大きく異なった結論でした。この六人の立場を大きく三つに分けることができます。

まず、アジタ、パクダ、プーラナの三人は、人間を要素からなるものと了解し、死によってすべて分散し無に帰すると見なしました。歩みはじめた課題であった苦そのものを認めず、あの世もなく流転することなく、業報もなく、殺しても罪はなく、解脱する必要もないと考えます。また真実に達した人間などいないと言います。死によってすべて終わるのですから、生きる真実などないのです。これは、断見《だんけん》(無見《むけん》)と呼ばれる立場です。

次に、マッカリ・ゴーサーラとニガンタ・ナータプッタは、苦行主義者と呼ばれました。当時の沙門たちの代表的な立場と言えます。彼らは、流転の中で苦しみ続けているのだと認めます。苦しみは身体そのものとして現われているのであって、身体を制御することで精神が自由になるという考えをもとに、苦しみを直接取り除こうと、断食をはじめあらゆる苦行をしています。彼らは、死によっても身体とは異なった生命そのものが流転しつづけ、またそれが解脱することにもなるのだと考えました。だからこれは、身体と異なって生命そのものがあるという立場で、常見《じょうけん》（有見《うけん》）と呼ばれます。

またニガンタは、ジャイナ教の開祖でもあります。六人の沙門のうち、今でもその教えが残っているのはジャイナ教だけであり、古い沙門の生活の形が幾分か伝わっています。

ニガンタと同じく、サンジャヤ・ベーラッティプッタも釈尊とまったく同時代と考えていいでしょう。この人は懐疑論者《かいぎろんじゃ》です。人間は何ごとでも簡単に判断し、イエスとかノーと言いますが、実はそれが一番危ないんだと言って、知性批判をしたのです。懐疑論は、古代ギリシアのピュロンが有名で、現代ヨーロッパ思想の基礎にもなっていますが、サンジャヤと実によく似ています。また、釈尊の弟子として有名なサーリプッタ（舎利弗《しゃりほつ》）とモッガッラーナ（目連《もくれん》）の二人は、もともとこのサンジャヤのお弟子さんでした。

こうした沙門たちの中へ、お釈迦さまも沙門として入っていったのです。お釈迦さまが初めてある日突然に出家したのではありません。すでにこうした時代や社会背景があったということを知っておきましょう。

第2章　青年ゴータマの問い

青年ゴータマの出家——四門出遊《しもんしゅつゆう》の物語

四門出遊の物語

これまで、仏教が成立する時代背景について話してきました。その最も近い背景が沙門の時代でした。お釈迦さまご自身が出家して沙門になっていかれたのです。それは二十九歳の時でした。一人の青年です。しばらくは青年ゴータマと呼びましょう。そしてどうして青年ゴータマが出家したのかを尋ねてみましょう。

四門出遊の物語といわれるものが伝えられています。これは釈尊の生涯の物語の中でとても有名な物語の一つです。こういう物語は、ずいぶん後代になって作られたものなのでしょうが、何百年と語られる中で深められてきました。

その物語の内容をごく簡単にお話しします。青年ゴータマは、釈迦族の町であるカピラヴァストゥに住んでいます。ある時、森の園林へ散策に出かけたくなり、父王スッドーダナ（浄飯王）に願いでます。しかし父王は、城外の現実を目にして傷つき沙門たちのように出家するのではないかと恐れ、道中に何ごともないように命じてから散策に出かけさせます。

カピラヴァストゥは、四方が城壁で囲まれた町でした。まず東の城門から森へ向かいました。ところが父王が命じたにもかかわらず、髪は白く、背がまがり、よたよたと歩く老人に会います。それを見て青年ゴータマは、従者に「これは何ものだ」と尋ねます。従者は「これは老人と言います。昔は童子で少年でしたが、年を経て、ついにこのように姿が変わって、気力もなく、苦しみきわまり、余命わずかとなるのです」と答えます。青年ゴータマは「この人だけが老いるのか、それともみなそうなのか」とさらに尋ねます。従者は「どんな人もみなこのようになるのです」と答えます。これを聞いて青年ゴータマに、大いなる憂悩《うのう》が生じ、散策をやめて引き返してしまいました。

しばらくしてまた散策に出ようと今度は南の門から出ました。この時、瘦せて腹だけがつき出、息はあえぎ、しぼみ黄ばんだ顔で、身体がふるえ、両腋《わき》をかかえられて道ばたにいる病人に会いました。「これは何ものだ」とまた尋ねます。従者は「これは病人です。病いとは、身体の要素が不調になり、節々が痛み、気力が弱り、食べたくなくなり、眠っても臥《ふ》せっていても安らかにならず、他の人の力をかりてやっと坐《すわ》り起《た》つことができるのです」と答える。そして誰もみなこのようになることを知って、恐怖を生じ身も心もふるえて、引き返しました。王宮に帰り考え込み、憂えて楽しむことがありませんでした。

またしばらくして、西の門から散策に出かけました。今度は、死体をのせた担架をかつぐお葬式の行列に会います。青年ゴータマは「これは何だ」と尋ねます。従者は「これは死人です。死とは、刀のような風で身体が割《さ》き切られても、それを知ることはありません。世にある時は貪《むさぼ》り愛着するばかりで無常を知らず、いまそれをみな捨てて死んでいくのです。命終《みょうじゅう》の後は草木と同じです」と答えます。そして「誰もみな免《まぬか》れることなく死んでいく」と知って、青年ゴータマは恐れおののき、もはや安らぐことができなくなり、王宮に引き返しました。

そして最後に北の門から出かけます。そこで出家者に会いました。出家者は「世間はみな無常で危うくもろいものであり、私は、何ものにも執着せず解脱しようとするものです」と言います。これを聞いて、青年ゴータマは、出家するという生き方があることを知ることになったのです。

釈尊の生涯の物語とは

釈尊の生涯の物語のことを、いまは「仏伝《ぶつでん》」(仏陀の伝記)と言いならわしています。この仏伝は、インドの言葉や漢訳で、あるいは短いものや長いものと、いく種類も伝えられています。基本の筋は同じですが、それぞれ語り伝える人の工夫が入っていて多少異なります。おそらく釈尊の時代から二百年も三百年も経ってからまとめられていったものなのでしょう。

いまお話ししました四門出遊の物語についても、実際に伝えられている仏伝のほとんどは、浄居天《じょうごてん》（神々の中の一つ）が青年ゴータマに早く出家の心を起こさせようと、老人、病人、死人、出家者の姿になって目の前に現われたとなっています。しかし、最初期の短い仏伝では、城の門も語られず浄居天も登場しません。そして仏伝の中に次第に神々（天と訳されている）が登場してきます。神々の役割は決まっているのです。仏陀がこの世に出現することを待ち望んでいます。そして仏陀がこの世の苦しみから解脱するための法を説き、それを一刻も早く聞きたいと願っているのです。

だから仏陀が誕生した時には、天上から花々がまき散らされうずたかく膝までつもったと語られるのです。神々の歓喜が伝わってきます。この世にあって苦しむ人間の深い願いが、神々の物語に託されているかのようです。

仏伝にはもう一つ大事な要素が加わっています。物語の主人公であるお釈迦さまは、菩提《ぼだい》（目覚め）を求めて歩む菩薩《ぼさつ》として語られているということです。菩薩とは、苦しむ衆生《しゅじょう》とともに仏陀になる道を歩み、自ら願って何度も流転輪回《るてんりんね》を繰り返すもののことなのです。こういう菩薩の物語は、青年ゴータマの求道心がどうして生ずることになったのかを尋ねることをとおして、何百年もの年月をかけて、次第に形成されていったものだと考えられます。

だからお釈迦さまの誕生について、兜率天《とそつてん》（神々の境涯《きょうがい》の一つ）での生涯を終えて、摩耶夫人《まやぶにん》の脇から生まれ、すぐに歩き出し、大人の声で「天上天下唯我独尊《てんじょうてんげゆいがどくそん》」と言った、というふうに語られるのです。ここには、菩薩としての自在性（自由であること）が示されているのでしょう。

老病死とはどんな問題か

ここでは菩薩の物語には入らないで、一人の青年ゴータマがどうして出家していったのかを尋ねてみます。それでもその場合に、仏伝の物語がとても多くのことを教え伝えてくれます。

この四門出遊の物語は、青年ゴータマがぶつかったのは「老病死」という問題であったことと、そしてその問題のもとにやがて出家していくことになったのだということを、とてもわかりやすく語っています。ただ、これはあくまでも物語なので、青年ゴータマに実際にこのような事があったのだということを示すものではありません。

誰もが知るとおり、老病死は、人間にとって最大の問題です。しかし、このことを問題として出家したからといって老病死を免れるわけではありません。そのことをどんなに考えても、老病死がなくなるわけではないのです。それならば、青年ゴータマは、老病死をどのように考えて、どのように問題にして、出家したのでしょうか。

実は、これが仏教学入門の第一の関門なのです。この関門を心してとおらなければ、これより先のことは何を言っているのかさっぱりわからないということにもなります。しかしまた、この関門をよく理解するならば、この後に少々難解な言葉が出てきても、なんら学びの障害になりません。なぜなら本当に答えるべき問題が何であるかを知っていることになるのですから。

さあ、一歩進めてみましょう。

老病死──仏教の問題領域

老病死はどこにあるか

お釈迦さまが教えられていることは何かというと、それはご自身が青年ゴータマであった時に直面した問題と、それをついに解決したことを、語ってくださっているのです。だからまた青年ゴータマの問題が、そのまま仏教の問題なのです。それは四門出遊の物語が語り示すように、老病死でした。老病死という、生命を生きるすべてのものにあるこの事実こそが、仏教の問題領域なのです。

ではあらためて尋ねてみましょう。老病死はどこにあるのでしょうか。そうです。老病死は身体《からだ》に現われるのです。私たちは、きれいな身体に老いや病いや死が襲いかかるかのように思っていますが、実はこの身体が老病死するのです。だから、私たちは老病死する身体をもって生きているのだ、と言わなければならないのです。

さてそうすると、身体がなければ老病死もないのですから、老病死する身体があるということが、生命《いのち》を生きているということの具体的なすがたなのです。身体という現実を離れて考えられた生命はまったく抽象的です。

また、身体ということに注意すれば、なにも人間だけのことではなく、動物も、魚も、空を飛ぶ鳥も、地を這う虫も、みな身体をもっています。だからまた、犬も、牛も、メダカも、スズメも、蛙も、蛇も、ミミズも、みな老病死します。いやそれだけではないでしょう。草や樹木にも身体があります。みな老病死する身体をもって生命を生きるものです。

そしてこの身体をもって生命を生きるものは誰もみな、その自らの身体を養って生きねばなりません。その身体を養うための栄養になるものとは、自分以外の他の身体にほかなりません。他の身体を自らの栄養として摂取しているのです。

ですから、生きる生命を与えられてある喜びは、他者の死という悲しむべき事実に支えられているのだと言わねばならないのです。

衆生の身体と生命

仏教は、このように老病死する身体をもって生命を生きるものを、衆生《しゅじょう》と呼んできました。私たちはみな衆生として、互いに互いの栄養になる身体を、すなわち等同《とうどう》な身体をもって、等同な一つの生命を生きているものだと言えます。

少し厳密に言いますと、草や木も等しく同じ生命を生きているものなのですが、衆生の中に含めないのです。なぜかというと、地に根をはって栄養分をすいとる草や木は、一根《いっこん》の生命を生きるものとも呼ばれ、接触という感覚機能（身《しん》根《こん》）だけで身体を養うと考えられているからです。それに対して、身体を養うために行為をもって他の身体を捕食するものが衆生なのです。つまり衆生とは、行為すなわち業《ごう》によって生命を生きるものを言うのです。最も多くて六つの感覚機能（六根《ろっこん》──眼《げん》・耳《に》・鼻《び》・舌《ぜつ》・身《しん》・意《い》）を用いて行為します。だから、捕食のために多機能である衆生は、それだけに苦しみ重きもの、現代的にいえば、より罪の深いものであると言わなければなりません。

老病死の苦とは何か

このような衆生において、老病死とは何でしょうか。青年ゴータマの四門出遊の物語では、老病死を見て、大いなる憂悩《うのう》を生じたとありました。それはこのようにも語られています。「私もまた必ず老いて、あるいは病いにかかるのだ。どうしてほしいままに身も心もゆるして楽しむことができようか」と。老病死を見て、これまで楽しみ喜んできたことが、そのままに喜べなくなってしまったと言っているのでしょう。

では老いの苦とは何でしょう。さまざまに言えるでしょうが、最も重いものは、さびしさや孤独でしょう。病いの苦は、同様に言えば、無力さでしょうか。そして死の苦は、空しさと不安でしょう。老病死の苦はみな重なっていて、一言でいえば、一人で死んでいかねばならない不安であると言えます。

老病死という身体の事実を、私たちはこのように苦しみとして感じ受けとめ経験しているのです。それを老病死の苦と言うのです。

人間であるが故に苦しむ

ではあらためて、衆生の中で、この苦しみの経験を考えてみましょう。老病死するという事実はありますが、さびしさや孤独という経験は、メダカやミミズにはないでしょう。いや精一杯感情移入しても、さびしさのせいで自死するメダカやミミズは考えられません。だから、一人で死んでいかねばならない不安の中で苦しむのは、衆生の中で人間だけなのです。

本当に不思議なことですが、暇で暇でしかたない、つまらない、何もすることがないとつぶやく典型的な老人もいますが、これは若者も同様です。この退屈するという苦しみもまた人間だけにある経験です。退屈すれば、気晴らしが必要になります。気晴らしが過ぎると、静けさこそが本当の生活だと思って部屋に帰ります。すると倦怠《けんたい》がおそってくるのだと、すでにパスカル（一六二三～一六六二／フランスの思想家）が『パンセ』の中で記しています。

この退屈も、一人死にゆくものであるということと深くつながって起こっているにちがいありません。だから、その人の性格や趣味のもちようで消えたり現われたりするものではなく、老病死する衆生の中でも人間として生まれたが故に起こっていることなのです。もう少しだけ掘り下げれば、一人死にゆくものであることの苦しみとは、結局何のために生きるのかわからない、生きることに意味などないのではないかと、生きる意味を疑う苦しみなのです。このような疑いの中では、希望をもち意欲して生きることができません。また、生まれてきてよかったと喜び満足して死んでいくこともできません。

これが人間にのみ起こる経験であり、人間であることの証なのです。衆生という地平で起きていることなのですが、ほんとうに不思議なことです。老病死する身体をもって生きているのですから、老病死のない生命を生きるなどということはありえません。しかし、今見てきた経験は人間であることから起こっているものだというところに、この死への生という問題を解く鍵が秘められているのではないでしょうか。

樹下観耕の物語

また仏教は、もう一つ大事な問題を少年ゴータマの体験として物語ってきました。樹下観耕の物語といいます。

少年ゴータマが、春先に父王とともに田を耕す行事に出かけた時のことです。耕された土からは虫が出てきます。それを鳥がまい降りてついばんでいきました。少年ゴータマは、それを見て、「衆生や愍《あわれ》むべし。互いに相《あ》い呑食《どんじき》す」と慈《じ》悲《ひ》の心を起こしました。そして閻浮樹《えんぶじゅ》（ジャンブー樹）の下で一人そのことに思いをいたしました。その時に離欲寂静《りよくじゃくじょう》（種々のもの思いから解放されて心が静かになること）という体験をしたというものです。

しばらくしてから、父王は少年ゴータマを探し、閻浮樹の下に坐っているのを見つけます。ところが太陽は動いているのに、木の影は少年のところにとどまったままでした。樹影《じゅえい》移らず。少年の思索の深さを象徴するかのようです。ほとんどの仏伝は、この物語を伝えるのですが、中には最後の樹影移らずという奇瑞《きずい》だけを語るものもあります。

先に、老病死する身体をもって生きる衆生の生命は、他者の死によって養われているると言いました。他者の死は、殺《さつ》という業によってもたらされるものです。この物語は、まさしくその衆生の業のことを語っているものです。少年ゴータマの慈悲心がこの生命の事実をとらえているのです。

仏教の問題領域は、老病死の苦しみにありました。すなわち死への生を生きるものであるということでした。そしてそれは、ただ生きていたいという思いがあるからこそ、苦しみとなるのです。そしてまた、一人孤独に死にゆくものだという思いは、他者とともに生きるものであるという事実を離れては成り立ちません。しかもその他者の死によって支えられている生命を生きているのです。

仏教が問題にすることとは、身体をとおして見るのですからとても具体的で、またとても深いと思います。

無常を知る

祇園精舎《ぎおんしょうじゃ》の鐘

青年ゴータマの物語を伝える経典の一つに、「老病死を見て、世の非常を悟《さと》る」とあります。ここの非常とは、無常のことです。だから、老病死の苦しみをとおして、世が無常であることを知ったということなのです。私たちが老病死の苦しみの中にあることの意味を、無常であることだと、仏教はとらえてきたのです。世が無常であると、私たちも感覚的に知っています。それは日本の文化の中に深く溶け込んでいるからです。なかでも『平家物語』の冒頭に、

祇園精舎の鐘の声《こえ》、諸行無常《しょぎょうむじょう》の響《ひび》きあり

とあるこの言葉は、よく知られていますね。お釈迦さまやそのお弟子さんたちのために寄進された園林の一つが、祇園精舎です。

前にお話ししましたが、ガンジス川の北側にコーサラ国があり、その首都はシュラーヴァスティ（舎衛城）でした。そこに住んでいたスダッタ（須達多）という長者（富裕な商人）が、王子ジェータ（祇多《ぎた》太子）から園林を買い取って、寄進したのです。それで祇園（祇多太子の園林）と呼ばれるのです。祇園精舎に鐘楼《しょうろう》があってその梵鐘《ぼんしょう》を撞《つ》くというのは、日本の仏教文化によるイメージなのですが、本当に鐘があってそれが響いているかのように思えるほど親しまれてきた言葉です。

その祇園精舎で、お釈迦さまは何度も滞在され、とてもたくさん説法されました。だから〝祇園精舎の鐘〟には、お釈迦さまの教えがしみわたっているのです。それで「諸行無常」と響くのでしょう。

生活の土台となるもの

では「諸行」とは何のことでしょう。これは仏教の術語で、形づくられたもの、形成されたものという意味がもとにあります。『平家物語』の冒頭の言葉ではどうでしょう。ここでは平清盛による平氏《へいし》政権のことを指して諸行は無常であると言っています。

政権も諸行の一つです。作られたものですから。このように、諸行と言えるもの、形成されたものを、私たちの生活の身近にあるものから挙げてみましょう。親子、夫婦、家庭、友人、学校、仕事、会社、あるいは田畑、家畜、財物、あるいは政権、民族、国家、あるいは知識、技能、資格、思想、イデオロギーなど、いろいろと挙げられます。これらはみな、形成されたものと一言で言えますが、さまざまな意味や価値をもって形づくられたものです。先に挙げた平氏政権もまた、それを作り上げた人たちにとっては、とても大きな喜びであり、誇りであったでしょう。立場を反対にする人たちにとっては、悲歎を意味したでしょう。

ここに挙げたものはみな、生活にとってとても大事なものばかりです。時にマイナスの価値をもつものとなるにしても、意味あるものとして形づくられたものばかりです。これらは、私たちの生活のよりどころであり、支えだと言えます。だから、私たちは、それらを喜びとし、時にそれらを誇り、支えにして安《やす》んじて生活していきたいと思っています。そしてこれらが、私たちの生活の支えであり、よりどころであると喜ぶことができるのは、そうだと信じているからなのです。信頼があるから、そこに自らの身をあずけて安んずることもできるのです。

そうすると、私たちの生活の土台になっているものとは、その信頼関係なのだと言わなければならないでしょう。先に挙げた一つひとつを思い浮かべてみてください。みな信頼関係があるから成り立っているのです。その反対に、そこに信頼がおけなければ、関係はみな壊れてしまいます。信頼が回復しない限り、関係も修復できません。親子、夫婦、家庭、学校、職場、みな同じです。

信ずることと嘘をつくこと

信頼によって私たちの生活は成り立っているのです。信頼がなければ、この身一つそこによせることもできず、安らぐ場所を失ってしまいます。それほどに信頼ということが大事です。それにもかかわらず、これほど危ういものもないのです。信頼関係の崩壊は、まったく容易にやってきます。嘘が入れば、どんな信頼関係も崩壊してしまいます。これは、私たちが身にしみて知っていることでしょう。

それでは、信ずるとは、どういう心のことを言うのでしょうか。ただむやみに思い込むことでしょうか。そんなむやみな思い込みが生活の土台だとすれば、人間はあまりにも悲しい生きものではないでしょうか。もう少しだけ美しい生き方をしているように私は思います。

私なりに定義しますと、信ずるとは「本当」だと思うことであり、信じないとは「本当ではない」と思うことです。論理的な言い方をすれば、信ずるとは「真《しん》」であると思うことであり、信じないとは「偽《ぎ》」であると思うことです。

私たちの日常生活は、哲学的な思索とほど遠いものです。ところが常にもっとも気をくばっているのは、これは本物かどうか、真か偽かということなんです。それはつまり、信じられるか信じられないかということなのです。善か悪かといった反省的な判断はかなり上級になります。常日頃の直感的な生活は、真か偽かです。

そしてこの真偽への直感も、ただ思い込むというのではなく、それなりの理由や根拠、すなわち、なるほどという納得があってのことです。

ここで衆生（老病死する身体をもって生命を生きるもの）という視野で考えると、信頼がないと生きていけない生き方をしているのは人間だけです。人間とは、真偽を問いながら生活する衆生なのです。だからまた、偽《にせもの》を真《ほんもの》だと言うことによって嘘をつくことができる唯一の衆生です。ドストエフスキイは人間のことを、「恩知らずの二本足」と言っていますが、「嘘つきの二本足」と言うこともできます。

無常の響き

無常という言葉は、「常にあるのでは無い」という意味です。このことは、私たちの生活において普通に経験していることです。条件が変われば、いままで存在していたものもみな変わったり失われたりします。先に挙げた諸行は、このような意味で、みな無常です。

諸行無常という言葉の意味は、まずはそういうことでしょう。しかし、それだけのことなら、お釈迦さまの声が響いてこないのではないでしょうか。

青年ゴータマは老病死を見て世の無常を知った、と語られていました。これまでに、老病死を見た青年ゴータマの心を考えてきました。そしてそれを、一人死にゆくものであることの苦しみだと言いました。それはまた、何のために生きるのかわからないという、生きる意味を疑う苦しみなのだとも、前に言いました。

こういう苦しみの中で、いま言ってきた諸行のことを考えてみましょう。信頼できる家庭や仕事があるということは、私たちにとっての生きる喜びです。信じられるものがあるということは喜びです。そんな喜びのことを、生きる意味と言ってもいいでしょう。したがって、生きる意味を疑うというのは、本当に心底満足して喜ぶことなんてあるのだろうかと思うことなのです。

一人死にゆく苦しみの中で、寂しさや空しさを超えて確かな支えとなるものは何もありません。どこにも本当の喜びを見出せなくなります。それはまた、何ひとつ信じられなくなるということでもあります。

したがって、老病死を見たということによって、これまで信頼し喜んできたものが、もはや本当に信頼し喜ぶことができなくなってしまうこと、これまで支えであると信じてきたものが、確かな支えではなくなること、これが「老病死を見て無常を知った」ということの内実なのだといえるでしょう。

私たちの外部にあるものが壊れることを指して、無常であると言っているのではないのです。私たちの苦しみという経験から、世にある何ものも無常であると知ることになるのです。

老病死を見ることによって、いったい何のために生きるのかと、人生全体が問われました。そして無常を知ることによって、どこに確かな支えと喜びがあるのかと、世界全体が問われたのです。では青年ゴータマは、こんな事態の中で、いったいどのような一歩を踏み出すことができたのでしょうか。

第3章　歩み出した沙門ゴータマ

出家する心

どうして激流を渡るか

老病死の苦しみは、何もかも呑みこんで押し流す激流に喩えられています。その激流を渡るにはどうしたらいいのか。お釈迦さまの言葉を伝える古い経典には、このように説かれています。

信仰によって激流を渡り、
不放逸《ふほういつ》によって海を渡る。
勇気によって苦しみを超え、
智慧によって浄らかとなる。

（『スッタ・ニパータ』一八四）

古くから伝わる注釈によれば、このような意味になります。「激流に向かって、これを渡ることができると信じたものは、勇気（精進）をもってそこに入っていき、智慧によって渡りきるのです。しかし、渡ることができると信じられないものは、楽しみに心をゆるし（放逸《ほういつ》）、苦しみにとどまったままである」と。

お釈迦さまは、苦しみを超えた人、仏陀ですから、その言葉はとても力強いのです。しかし、苦しみを超えることができると信ずる心とは、いったいどのようにしておこるのでしょう。

これまで見てきたところでは、青年ゴータマは、大いなる疑いの中に投げ込まれ、何ひとつ確かなものとして信じられないと知ったのでした。とても深くて重い問題を、彼は抱えたということはわかります。

だからそれを解くために出家したのでしょう、とお話を前に進めても、他人ごとのようで、私たち自身のこととしては理解できません。考えなければならない何かが欠けているように思われるのです。

出家するとは出発することである

古代インドの沙門たちはみな、出家して乞食遊行《こつじきゆぎょう》の生活をして道を求めたのだと、前に話しました。その「出家」と言われていることを、インドのもとの言葉から直訳すれば、「家を捨てて家なきものとして出発した」となります。「家を捨てて」とは、その歩み方の一つの状態を表わすにすぎません。「出家者」と訳されるパーリ語の「パッバッジタ」という言葉は、「前に向かって歩み出したもの」「出発したもの」という意味なのです。

私たちに未来があり希望がある時、前に向かって歩み出そうという意欲がおきます。私たちの未来や希望は、そこに喜びを見て信ずる心にかかっているといえるでしょう。しかし、一人で死にゆくものだと知った青年ゴータマに、どんな未来が、どんな希望があるでしょうか。死の前に崩れ去るものをどうして信頼できるでしょうか。

そうであるならば、疑いの中にあり、何ひとつ信じることのできないものが、何かに向かって歩み出すことがどうしてできるのでしょう。

なかなか出家しない青年ゴータマ

仏伝といわれるものがいくつかあることをお話しました。その中でおそらく最後に編集されたと考えられる、とても大きな仏伝があります。『仏本行集経《ぶつほんぎょうじっきょう》』といいます。基本的な構成は他と同様なのですが、かなり詳細な物語となっています。そこでの四門出遊の物語を見ますと、大筋は同じです。ところが、東門から出て老人に出会い、憂いをいだき城に帰った青年ゴータマは、しばらくすると、欲望の対象をことごとく満たし、遊び戯れるのです。

他の仏伝では、青年ゴータマの心をこの世間の楽しみにつなぎとめておこうと、父王が伎女《ぎじょ》たちによる歓楽を与えるのです。でもこの仏伝では、自ら楽しむすがたを描いていて、少し異なります。しかし、こういうことは十分考えられますから、なるほどと読みすすめていくことができます。

ところが、南門から出て病人に会い、また憂いをいだき帰ってきた青年ゴータマは、しばらくすると、欲望の対象を楽しみ昼夜絶えることがなかったとあります。また西門から出て死者に会い帰ってきた青年ゴータマも、しばらくすると、欲望の対象を十分に受けて心をほしいままにして喜んだとあります。

三度も繰り返し語られると、物語の作者の工夫が伝わってきます。憂いが深くなるにつれ、ますますやりきれない自分を楽しませようとするゴータマ像でしょうか。このような心から出家はできません。

そこで次に青年ゴータマは、北門から出て、一人の出家者に出会ったのでした。この仏伝は、このように語っています。

道上に出家者を見るや、心に大いなる喜びが生じた。「これはこれ真なり」と。
（『仏本行集経』）

出家者に真実を見て、大いなる喜びが生じたというのです。なるほど、これは真実だと喜ぶのは、信じられるものがあったということです。とすれば、ここから新たな歩みが生まれてくるにちがいありません。

超えられない壁

一人で死にゆくものであるという事実を前にしては、これまで喜びとし信じていたものはみな崩れていってしまいます。これが諸行無常であると知った心でもありました。

そうであれば、どんなに立派な人が現われようと、その人を信じるなどとどうしてできるでしょうか。自分の外にあるものは何ひとつ確かな支えにはなりません。では、自分の内面はどうでしょうか。内には、疑いと不安があるだけです。外を見ても、内を覗いても、どこにも信じられるものがないのです。そんな心の前に一人の出家者が現われたからといって、「これは真実だ」というほどの大いなる喜びが、どうして生ずるでしょうか。繰り返しになりますが、一人で死にゆくものであるということの事実は、私たちにはとても超えることができない壁なのです。

しかしそれなのに、青年ゴータマは出家していきました。そしてその苦しみを超えて仏陀になったのです。いったいどういう心で歩み出すことができたのでしょうか。また元に戻ってしまいました。

真実を求める心

私たちは、自分自身に疑いや不安があることを、直感的に理解することができます。だからまた青年ゴータマの問題を、私たち自身の問題として考えていくこともできます。

そしてこれまでは、何について疑い苦しんでいるのかを考えてきました。では、どうして私たちに、そのような疑いや苦しみがあるのでしょうか。疑いとは、それは真実ではないと疑うことでした。苦しみとは、何も喜びがない、何も信じられないと苦しむことでした。

それなら、私たちには真実などないのだ、消え去らない確かな喜びなどないのだ、と断定したらどうでしょうか。そうすれば、疑いは必要なくなります。なぜなら真実はないのですから。確かな喜びなどないのですから、信じられないと苦しむ必要もなくなります。

もちろんこれは、仮にそのように断定したならばということです。現実にはそのようにできません。まさしく現に疑いと苦しみがあります。ということは、私たちはまさしく現に真実を求めているから疑いがあり、死によっても消え去ることのない喜びを求めているから苦しみがあるのだと言えるでしょう。

なぜ苦しむのか。それは真実を求めているからです。苦しみそれ自体を支えているのは、真実を求める心なのです。苦しむという形で、私たちは、真実を求めているのです。何も信じられないという苦しみのただなかに、真実を求める心が現にあると認めざるをえません。

この真実を求める心が自らの内に明らかにあるのだと認めることが、ただ一つ信じられるものなのです。そして自らにその心を認めることができれば、他者の上にもそれを認めることができます。それは同時でしょう。

だから青年ゴータマは、出家者を見て、ここに真実があると大いに喜んだのだと、物語ることができたにちがいありません。

苦しみの激流、苦海の中へと、一歩入ることを可能にする勇気をうみだす信仰とは、苦しみを超えて真実があると信ずる心です。そのような真実を求める心をこそ自己の心として、青年ゴータマは歩み出したのです。

沙門ゴータマの苦行

沙門となったゴータマ

青年ゴータマは、従者チャンナの引く愛馬カンタカにまたがって城を出て、髪や鬚《ひげ》を剃り袈裟《けさ》をつけ、一人の沙門となりました。二十九歳の時でした。

従者チャンナは主のいないカンタカを引いて城に帰ります。カンタカは悲しみのあまりそこで命を終えました。いつ誰が言いだしたのか、カピラヴァストゥの城邑《じょうゆう》の跡の近くの小高い盛り土は、カンタカの塚だそうです。

沙門ゴータマは、師を求めました。おそらく高名な沙門だったであろうアーラーラ・カーラーマを訪ねます。しかし彼からは求めるものを得ることができませんでした。次に同じく、ウッダカ・ラーマプッタを訪ねますが、そこでも求めるものは得られませんでした。

そこでマガダ国の王舎城から南西に五十キロほどのところ、ガヤーの町の近くのウルヴェーラーの森で、一人、道を求めたのです。

当時の沙門たちは、さまざまの苦行《くぎょう》をしていました。一脚のますごし、あるいは四つ足となり口で食べ物をとり、あるいは死んだ動物の皮をはいで衣とし、あるいは髪や毛を編んだものや、糞掃衣《ふんぞうえ》を着け、あるいは裸形《らぎょう》であり、あるいは棘《いばら》の上に眠り、あるいは蟻塚の中で、あるいは水や火のそばで、あるいは髪や鬚を引き抜き、あるいは牛小屋ですごし牛糞を食べる等々の行《ぎょう》があったようです。

沙門ゴータマもまたこのような苦行を目の当たりにし、これらを試みたに違いありません。「苦行によって受けた私の苦痛は、最高のものであり、これ以上のものはない」という言葉が伝えられています。

一麻《いちま》一米《いちまい》の苦行

このような苦行は、今日でも多少行われています。沙門の宗教の一つであるジャイナ教の出家者が、髪や鬚を引き抜く行をしているのを見たことがありますし、かなり高齢の人でしたが断食したまま死んでいきました。

苦行そのものは、やがて沙門ゴータマにとって無益であると見なされ、捨てられることになるのですが、しかし、いましばらく沙門ゴータマが歩んだ道をたどりましょう。

この苦行の中の中心には断食があります。日ごとに食事の量を減らしていくのです。そしてついには、一日を一粒の米か一粒の胡麻を食するだけにまで減らします。これが一麻一米の苦行と呼ばれるものです。さらに七日に一粒の胡麻や一粒の米とも伝えるものもあります。究極の断食です。

私たちの身体は、食事を取ることで養われています。だから断食とは、身体の栄養を断つことです。このままでは死ぬだけです。そこで天界の神々が、心配のあまりに、まだ断食を続けるつもりなら神の力で毛穴から栄養を注入すると申し出ます。点滴ならぬ天滴です。しかしこれを断ります。

沙門ゴータマの身体はやせほそり、浮き出した両脇のあばら骨を皮が覆っているだけとなりました。頬の肉は消え、落ちくぼんだ眼孔の奥にきらっと光る瞳が見えました。それはちょうど、深い井戸の底の水に映ってまたたく星のようであったと、伝えられています。

沙門ゴータマの試練

このようにしていまや死んでしまいそうになっている沙門ゴータマのところに、悪魔が現われてやさしくささやきかけます。悪魔の誘惑という有名なくだりです。

多くの仏伝では、菩提樹《ぼだいじゅ》の下での降魔成道《ごうまじょうどう》（悪魔を降服して仏陀になること）を語ります。よく整理された物語となっています。しかし、初期の伝承では、苦行しているゴータマのところに悪魔が現われて誘惑します。道を求めて歩み出したものには、いつでも試練があるのでしょう。そんな語り方のように思います。そしてこのほうが、沙門ゴータマはどんな心をもって歩み出しているのかを、よく語り表わしているのではないでしょうか。

このようなエピソードです。ネーランジャラー河（尼連禅河《にれんぜんが》）のほとりで、激しい苦行で痩《や》せおとろえた沙門ゴータマのところに、悪魔ナムチがやってきて、憐れみぶかい言葉で話しかけるのです。

あなたは痩《や》せおとろえて顔色が悪い。あなたはいまにも死にそうだ。死が千ならあなたの命は一にすぎない。生きよ、生きていたほうがいい。命があってこそ福徳（幸せをもたらす糧）を積むことができるのだ。梵行《ぼんぎょう》（神に仕えるつとめ）を修して火の神に供物を捧げるものに、多くの福徳が積みあげられるのだ。勤めて何になろうか。勤める道は、進むにかたく、作《な》しがたく、達成しがたいものだ。

（『スッタ・ニパータ』四二六―四二九）

幸福になる道はこちらですよ、そんなことしていたら幸福になる前に死んでしまうじゃないですか、と悪魔は言うのです。まことに危ないささやきです。私たちは辛くなると、こんなことをしていて何になるのかと、疑いでいっぱいになって、自分によく問いかけます。いつでも危ないのです。

これに対して、ゴータマは答えます。

放逸《ほういつ》（ほしいままに楽しもうとする心）の親族、悪魔よ、そのためにここにやってきたのか。私には福徳などいささかも意味がない。福徳に意味があると思うものたちに悪魔は語るがいい。私には、信仰があり、勇気（精進《しょうじん》）があり、智慧がある。このように専心してつとめている私にどうして命のことを尋ねるのか。私の勇気からたち上がる風は、河の流れをも干上《ひあ》がらせるであろう。専心してつとめる私の身体の血がどうして干上がらないだろうか。

（『スッタ・ニパータ』四三〇―四三三）

沙門ゴータマによる悪魔への返答です。まことに厳しいものです。今歩んでいる道が本当に目的地に向かうものであるかどうか、正しいか間違っているかは、これから吟味されるのですが、その歩みそのものを支えている心がここに語られています。

いったい何のために自分が歩みはじめたのか。それは死によって費《つい》えるような幸せを求めてのことではないのだ。だからそんな命のことなど何も気にしていない、というのです。

そしてここで、「私には、信仰があり、勇気があり、智慧がある」と言っています。いったいこの「信仰」とは何でしょうか。実は前に「どうして激流を渡るか」というテーマで、激流を渡ることができると信じたものが、勇気をもってそこに入っていくのだと話しました。その「信ずる」ことと「勇気」とが、ここでも語られているのです。そして、道を求めて歩むことができるのは、信じて勇気をだし、正しく目的地に向かう智慧があるからなのです。

沙門ゴータマには、死によっても奪われることのない意味と喜びをもった生命《いのち》の真実を求めて歩み出したのだという、自分自身への深い信頼があります。たとえどんな試練が待ちかまえていたとしても、揺らぐことのないほどに深い願いから生まれてくる信頼だと言えるでしょう。

悪魔の正体

悪魔ナムチに対するこの返答の後に、沙門ゴータマはさらに続けて、欲望と、不満と、飢渇《きかつ》と、渇愛《かつあい》と、ふさぎこみや眠けと、恐怖と、疑惑と、覆蔵《ふくぞう》（本心を隠すこと）と、かたくなさと、名誉心等々が、悪魔の軍勢なのだと、その正体を説き明かしているのです。

魔（マーラ）という言葉は、殺すものを原意とします。この場合、求道心を殺してしまうもの、すなわち道を妨害するものを表わしているのでしょう。

道を求めて歩み出した私たちを、誘惑し恐れさせて、真実への道から退散させようとするものは、私たち自身に潜んでいるのです。ここに欲望をはじめとする心が挙げられています。私たちを試練に向かわせるものとは、ほかならぬ私たち自身なのだということを意味しているのです。

苦行の放棄

大沙門──勤苦すること六年

沙門ゴータマは、これまで誰もしたことがないほどにさまざまな激しい苦行をしました。村人たちが、このような大苦行をしている沙門ゴータマを見て、大沙門と呼ぶことになったのだとも伝えられています。

勤苦《ごんく》すること六年。しかし沙門ゴータマは、解脱を得ることができません。そこでこれは身と心をただ苦しめるだけで、解脱をもたらす正しい道ではないと知ります。その時、かつて少年の時に体験したことを思い出すのです。

少年時代の体験を思い出す

その少年時代の体験というのは、前に紹介しました樹下観耕《じゅげかんこう》の物語として伝えられているものです。少し繰り返しますと、耕した土から出てきた虫を鳥が啄《ついば》んでいくのを目撃した少年ゴータマは、「衆生《しゅじょう》や愍《あわれ》むべし。互いに相《あ》い呑食《どんじき》す」と慈悲の心を起こしたのでした。そして閻浮樹《えんぶじゅ》の下でそのことを思っていると、離《り》欲寂静《よくじゃくじょう》（種々のもの思いから解放されて心が静かになること）という体験をしたというものでした。そして今、それを思い出した沙門ゴータマは、あの時の体験こそが、解脱を得る正しい道だと思うにいたったというのです。

ではこの体験とは、いったいどういうことを意味しているのでしょうか。ここで離欲寂静の体験をしたのだと言いましたが、それはまた「四禅《しぜん》を得た」とも、「初禅《しょぜん》を得た」とも、「三摩地《さんまじ》に入った」とも言われています。仏伝によって表現が少し異なっていますが、少年ゴータマが誰に教わるともなく体験したことを、「禅」とか「三摩地」という言葉で語ろうとしているのです。

「禅」というのは、深い思索を表わすインド語「ディヤーナ（ジャーナ）」を音写したものです。心が一つの主題に定まっていますので、それを「定《じょう》」とも言い、二つ並べて「禅定《ぜんじょう》」とも言います。「三摩地」も、同じく精神集中を表わす語「サマーディ」を音写したもので、「三昧《さんまい》」とも音写します。これもまた、「定」と翻訳されます。そしてその達成した段階を四つに分けて、その最初を「初禅」と言い、合わせて「四禅《しぜん》」と言います。後に整理された教理的な表現がここで用いられているのです。

いずれにしても、少年が、思わずして、集中して深い思索に入ったことを言い表わそうとしているのでしょう。そして沙門ゴータマは、苦行の道を捨てて、今またかつて経験したごとくの禅定の道を選ぼうとしたのだということになります。それはつまり、深く思索することが、解脱にいたる道だと決定したのだということです。

正しい道はどこにあるのか

しかし「苦行」とか「禅定」というような教理上の言葉を使うと、それだけで説明がなされたように思ってしまいます。また深い思索に入ったのだと言っても、それだけでは何のことかわかりません。いまは少年時代のエピソードによって話を進めているのですから、私たちもまた少年の心になって思ってみないといけないのでしょう。

仏伝の一つは、「慈悲を発起《ほっき》してすなわち心定《さだ》まる」と表現しています（『仏本行集経』）。閻浮樹の下で少年ゴータマが思いをいたしているのは、虫を啄《ついば》む鳥であり、少年自身であり、衆生の生きる生命《いのち》の事実です。そしてその生命の事実へと少年の心を向かわせているものは、少年の心を震わせている悲しみなのです。「衆生や愍むべし。互いに相い呑食す」とは、少年の悲しみがとらえた生命の事実です。これが、老病死する身体をもって生きる衆生の生命の事実とも言えるのです。

しかし少年にとってその生命の現実は、その悲しみが現存する限り存在するものなのです。少年の悲しみの心は、教えられたものではないのですから、時とともに他の気持ちがそれに代わるでしょう。そうすれば生命の現実も忘れ去られます。

だから今、沙門ゴータマは、それを想い起こしたのです。老病死を見た時にもすでに同じ心が起きていたに違いありません。そして今、悲しみの中にとらえられた生命の事実に心を定めて思索することが、解脱への正しい道であると決定したのです。

どうして苦行をやめることができたのか

沙門ゴータマは、老病死の苦しみを超えた真実を求めて歩み出したのでした。まず、その道は苦行にあると考えたのです。それは、結果から言うならば、道ではないものを道であると見なしてしまう見解（戒禁取見《かいごんしゅけん》）であったということになります。ではその見解は、どうしたら破られるのでしょうか。

仏教では、このように考えられてきました。これが正しい道だと誤って考えているものに、こちらが正しい道だと教えるのはむずかしいことです。だから、正しい道を知ることによってその見解が破られるのではなくて、苦しみの真実を知ることで、道について誤った見解が破られると考えます。

というのは、道を求めるその始めには、苦を見たということがあったのです。しかも他者の苦しみを見て自らの苦しみを知ったのです。そこには他者と共感する悲しみがあります。この共感する悲しみを離れて、苦しみを見るということなど成り立たないのです。そうであるにもかかわらず、道を求めて歩み出したものたちの中には、自分の身体において現われている苦しみだけを直接に取り除こうと、いろいろな苦行を試みたものたちがいたのだと考えられます。そんな苦行による成果があるとすれば、とても個人的な体験にすぎないものでしょう。

このように考えると、沙門ゴータマが、「衆生や愍むべし」という少年時代の体験を想起して、苦行を捨てることになったのだというのは、よく理解できます。だから苦行の放棄とは、共感する悲しみの中でとらえられる苦しみへと立ち戻ったことを意味するのでしょう。

乳粥の供養を受ける

沙門ゴータマは、解脱への道として思索を選びました。しかし弱り衰えた身体では、その思索に耐える力がありません。そこで、衰え汚れた身体を洗い苦行の熱をしずめようと、近くに流れているネーランジャラー河（尼連禅河）で沐浴《もくよく》をします。

そしてちょうどそこに、村の娘スジャータが、乳粥《ちちがゆ》を供養《くよう》しようともってきました。激しい苦行で土埃《つちぼこり》をかぶり樹の皮と同じになって坐る沙門を見て、スジャータは、樹の神であると思い供養しようと思ったのです。

そのためにスジャータは、五百頭の牛を集めて乳を搾り、その乳をその半分の牛に飲ませ、後日その牛から乳を搾り、その乳をその半分の牛に飲ませるということを繰り返し、最後に十五頭の牛（八頭の牛と伝えるものもあります）から搾った最高に濃厚になった乳で乳粥を作ったのだと伝えられています。

その供養を受けて、乳粥をいただいた沙門ゴータマの身体は、光悦《こうえつ》（輝きをとりもどして力満ちること）となり、気力充足して、道を達成するのに堪えうるものとなりました。
しかし沙門ゴータマとともに苦行につとめていた五人の比丘たち（乞食者、出家修行者）は、沙門ゴータマが身体を洗い乳粥をいただいたのを見て、ゴータマは堕落した、こんな人と一緒に修行はできないと言って、その場を去って行きました。この五人は、もと父王スッドーダナの命で沙門ゴータマと行をともにしていたという伝承もあります。そうだとすると、この五人は、沙門ゴータマのことよりも、修行そのものが大事になってしまったようです。

菩提樹の下に坐る

沙門ゴータマは一人、近くで草を刈っていた人から草をわけてもらい、ピッパラ樹の下にそれを敷いて坐ります。そして真実を求め深い思索の中に入っていきます。やがてついに道を達成し、真実に目覚めたのです。目覚めた者、仏陀となったのです。目覚めることを菩提《ぼだい》（ボーディ）と言います。だから仏陀とは、菩提を得たものでもあります。そしてそのピッパラ樹の下で菩提を得ることになったので、ピッパラ樹は菩提樹と呼ばれることになりました。

第4章　ゴータマが仏陀になった

菩提樹下での思索

降魔成道

多くの仏伝によれば、菩提樹の下に坐って静かに思索する沙門ゴータマのところに悪魔が現われ、誘惑し恐喝《きょうかつ》する物語が語られています。悪魔は、ゴータマが菩提（目覚め）を得て、そしてあらゆる人びとを救いに導き、自分の支配領域をみな超え出ていくであろうことを憂えたのです。だから、ゴータマが道を達成するのを何とか妨害しようとしました。そこで悪魔の三人の娘たちに誘惑させます。しかしゴータマは微動だにしません。次に弓矢で脅《おど》します。矢は空中にとどまり、鏃《やじり》は下を向いて蓮の花に変わってしまいました。

その時ゴータマは、悪魔に向かって、「汝は、かつて、少し施《ほどこ》しをなしたとい

う果報で、いま第六欲天《よくてん》（欲界の最上の他化自在天《たけじざいてん》）の自在天王となっている
が、それでもみな寿命がある。必ずまた地獄などの悪道に落ちて、そこからの救
済ははなはだむずかしいのだ」と言いました。悪魔は「私のいま得ている果報
は、汝ゴータマが知っているとおりだ。それなら、汝の果報については誰が知っ
ているというのか」と言い返します。ゴータマは「我が果報は、ただこの地のみ
が知る」と言って手で大地に触れました。
その時です。大地は六種に震動し、地の神が、宝瓶《ほうびょう》に蓮花を満たし、地より踊
り出て、悪魔に向かい、「ゴータマは、かつて昔、頭目髄脳《ずもくずいのう》を人に施し、身体す
べてをささげ、いくたびも流した血が大地に浸みとおっているのだ」と言って、
ゴータマの足を礼《らい》し、花を供養《くよう》し、忽然《こつねん》として消えたのです。
悪魔は、恐怖に戦《おのの》き、身体中の毛がみな逆立ちました。悪魔はついにたち去り
ました。もはや道を妨害するものがなくなり、沙門ゴータマは、思索に集中し、

道を達成したのです。これを降魔成道《ごうまじょうどう》（悪魔を降《くだ》して道を達成する）の物語といいます。

この降魔の場面はとても印象深いです。右手を下に向けて地を指し、静かに坐る仏像を見たことがあるでしょうか。今お話しした場面を表わすものです。そしてその右手は触地印《そくぢいん》の形だと言われています。

ただこの物語は、釈尊の過去の生涯における求道という前生の物語を前提にしています。それは紀元前二世紀ころには成立していたと考えられますが、今お話しを進めている時と、少し時代が異なります。ここではお話ししませんが、釈尊を仰ぐ心の深まりの中から新たな仏道観が生まれだしたころのことです。

しかしあまりにもよく知られている一場面なので、少しだけふれました。それでは、静かに思索をはじめた沙門ゴータマのところに戻ることにしましょう。

苦はどこからくるのか

さて沙門ゴータマは、菩提樹の下で何をどのように思索したのでしょうか。それは、そのために出家した老病死の苦しみについてであったでしょう。そして、自己の心を見つめるという方法で、自己の内面を静かに観察したのでしょう。その観察は次のような形でなされたと伝えられています。

何があるから老死《ろうし》があり、何に縁《よ》って老死があるのか。（相応部経典《そうおうぶきょうてん》）

「老死」とは、老病死の苦しみを表わします。この苦しみは、何を原因として起こっているのかと問うているのです。苦しみの原因を問題にして、この苦しみはいったいどこからくるのか、と尋ねているのです。

沙門ゴータマは、苦しみから解脱する道を求めて歩み出しました。そしてついに苦を取り除く方法を見つけたのかと思ったら、なんと苦の因を明らかにしようと問うているのです。

老病死の苦しみとは何だったでしょう。その中心には、私が死んでいくということがあります。そこから、孤独、空しさ、不安、無意味さなどが現われてくるということでした。そうすると沙門ゴータマは、ここで、この孤独はどこからくるのか、この空しさはどこからくるのかと問うていることになります。

孤独を感じたら、どうして孤独から逃れられるか、何か楽しみはないかと私たちは考えますが、孤独はどこからくるかなどと尋ねません。ところが沙門ゴータマはこんな問いを立てたのです。なんとラディカルなことでしょう。

苦は生に縁る

問いを立ててそれに自ら答え、また問いをたててそれに答えるというふうにして、思索が進められていきます。では最初の問いにどのように答えたのでしょうか。

生《しょう》があるから老死があり、生に縁って老死がある。（同前）

「生」というのはこの場合は誕生です。生まれたから老病死があるということくらい、教えていただかなくとも知っています。しかし、そういうことではないのでしょう。老病死の苦について、これは人間にのみ起こる経験であり、人間であることの証《あかし》なのだと前に話しました。ここで「生に縁って老死がある」と言っているのは、それと同じく、人間に生まれたということを表わしているのだと受けとめるべきなのでしょう。人間に生まれたから老病死の苦があるのだということです。人間に生まれたから、孤独や空しさを経験するのであり、その人の性格などではないということなのです。

私は何ものであったのか

そして「老死は生に縁る」と答えられたその「生」が問われます。

何があるから生があり、何に縁って生があるのか。
有《う》があるから生があり、有に縁って生がある。
（同前）

人間として生まれて生きるそのことに、はじめから老病死の苦の因があるということでした。そのことがさらに問われていきます。「有」（あること、なること）とは、何らかの境涯あるいは境遇にあることを表わします。私たちは、何らかの境涯にあることを喜びとしあるいは悲しみとして生きています。そしてもっと豊かで幸せな境涯にあることを喜びとして生きていきたいのです。しかし老病死は、そんな喜びをみな奪い去っていきます。結局、私たちが死に直面して、私はいったい何ものだったのであろうかと、一人孤独に不安の中で問わざるをえないことになるのでしょう。

私は私だ

問いはいよいよ深まります。

何があるから有があり、何に縁って有があるのか。

取《しゅ》があるから有があり、取に縁って有がある。
何があるから取があり、何に縁って取があるのか。
渇愛《かつあい》があるから取があり、渇愛に縁って取がある。
(同前)

私たちの境涯(有)は何によって決まるのでしょう。それは私たちがもっているもの(取)によって決まるのです。もてばもつほど豊かな境涯を生きることができ、何ももたなければ何ものでもなくなると思っています。私たちは、何かを獲得することが、人生を生きる意味だと考えているのです。これが「取に縁って有あり」です。

ではどうして、何かをもとう、獲得しようとするのでしょうか。それは渇愛によると答えられています。渇愛とは、渇《かわ》きのことなのですが、喉が渇けば理由なく水を求めるように、渇いたもののように追い求めることを表わします。苦しみの原因の観察は、ひとまずここで終わります。ですから、渇愛こそが苦しみの根本原因であると観察されたことになるのです。

苦しみの根っこの底には渇きがあるというのです。きっと、滾々《こんこん》と湧《わ》き出る生命の泉を求め明かしてこそ癒やされるような渇きなのでしょう。深いところで、そんな生命の泉に根ざしている渇きなのです。しかしその渇きが、私たちの苦しみの因となっているのです。

では私たちはいったい何を渇き求めているのでしょう。それは、私は私でありたいという祈りのような願いから、私の意味を、私の生きる喜びを、渇いたもののように追い求めているのだと言えるのではないでしょうか。

そしてそれはいつも外に向かって追いかけられています。なぜならまだ私にはそれが得られていないからです。私の生きる意味と喜びとを、外に求め獲得することが生きることだと思い、もはやただどうしたら獲得できるかに全力をかたむけているのが、私たちの人生なのです。そしてそこにやがて死王《しおう》がたち現われてくるのです。

苦しみはこうやって起こってきているのだと、沙門ゴータマは観察したのです。

仏陀ゴータマ

苦しみはどうして滅するか

苦しみがどうして生ずるのかを観察した沙門ゴータマは、すぐに続けて、苦しみはどうして滅するのかを問います。

何がないから老死がなく、何の滅から老死の滅があるのか。（相応部経典）

先に老死という苦が生ずる原因が観察されているのですから、それにしたがって、その滅についての問いは、すぐさま答えられていきます。

生がないから老死がなく、生の滅から老死の滅がある。（同前）

「老死の滅」とは、老病死の苦を超えることを表わしています。それが「生の滅」によるというのです。その「生」とは、人間として生まれたということでした。そうすると「人間として生まれたことの滅から老死の滅がある」と言っていることになります。それは、実質的には何を意味することになるのでしょうか。

私たちの誰もが、これが生きることなのだという一つの了解をもって生きています。それを疑ったことはありません。ここでは、死にゆくものであるという苦をきっかけとして、生きることについての了解が問われ、変更が迫られているのだといえるでしょう。

沙門ゴータマの思索は続きます。

何の滅から生の滅があるのか、有の滅から生の滅がある。
何の滅から有の滅があるのか、取の滅から有の滅がある。
何の滅から取の滅があるのか、渇愛の滅から取の滅がある。
（同前）

前に観察された苦が生ずる原因が、ここでは苦の滅の原因として観察されています。そして、根本をおさえれば、渇愛の滅によって苦しみの滅があると、観察されたことになります。

縁起の観察

これまで見てきた沙門ゴータマの思索の基本は、苦が生ずる原因を尋ねることにありました。そして「何に縁って起こるか」という問いではじまります。だからそれを「縁起《えんぎ》（縁《よ》って起こること）の観察」といいます。

そしてこれが仏教の根本の思想になっていきます。苦は縁起したものであり、苦をもたらすものもまた縁起したものであり、無常なるものすべてが苦であり、そのすべてが縁起したものととらえかえされていきます。

仏陀となったゴータマは、後にお弟子さんたちに、この縁起についての教説をたくさん残しています。老病死の苦しみの因を尋ねていき渇愛を根本原因とする教説は、最初の説法（初転法輪《しょてんぼうりん》）をはじめ、基本的なものです。

しかし、教説の中にはさまざまな形に縁起説が説かれており、渇愛でとどまらずさらにその因を尋ねて識《しき》（知ること）で終わるものもあります。渇愛の心が成り立つための背景や要因が尋ねられているのです。それは十項目で説かれていますので、十支縁起説《じゅっしえんぎせつ》といわれます。また、その識が成り立つための要因として、さらに諸行、無明《むみょう》（無知）にまでいたる十二支縁起説《じゅうにしえんぎせつ》も説かれています。老死からはじまり無明にいたるこの縁起の観察は、次のようにまとめることができるでしょう。

老死↓生↓有↓取↓渇愛↓受↓触↓六処↓名色↓識↓諸行↓無明

老病死の苦しみの原因は、自分の人生の意味を外に追い求める心である渇愛にありました。そしてその渇愛の心は、自分にとって何が喜びなのかを知っていると思っている心をよりどころにしています。それが、私たちの知性である識という心です。しかしその知性には、闇があるのです。その闇が無明と呼ばれているのです。

私たちは、私たち自身のことを本当に知っているのでしょうか。

眼智慧明光

いくつかの縁起の教説の中で、観察が終わったところで、このように説かれています。

「これが生起《しょうき》である。これが生起である」と、私にいまだ聞いたことのない諸法《しょほう》についての眼《げん》が生じ、智《ち》が生じ、慧《え》が生じ、明《みょう》が生じ、光《ひかり》が生じた。

（相応部経典）

苦しみがこうやって生じてきているのかと、自分に確かめるようにして、お弟子さんたちに説いているのです。そしてそこで苦しみの因として明らかになったことが、「いまだ聞いたことのない諸法」と言われています。いまだかつて経験したことがないということです。今はじめてわかったというのです。

そしてそのわかったということを、「眼が生じ、智が生じ、慧が生じ、明が生じ、光が生じた」と、同じ意味の言葉を重ねて言っているのです。ゴータマの感激が伝わってきます。

ここで諸法と言われているのは、苦しみの因一つひとつを指しています。それらを見る眼が生じたとは、見ることができるような心が開かれたということでしょう。眼、智、慧、明、光という、これらはみな同じく諸法を明らかに知る心のことです。

苦の滅を観察した後にも、「これが消滅である。これが消滅である」と言って、先とまったく同じフレーズが繰り返され、眼、智、慧、明、光が生じたと説かれています。

諸法が現われる

この沙門ゴータマの目覚めについて、次のような有名な詩があります。

ひたすら静かに思索しているブラーフマナ（求道者）に、諸法が現われる時、その時かれのすべての疑惑は消失する。なぜなら彼は因とともに苦を知るからである。

（パーリ律大品）

ここで「因とともに苦を知る」というのは、苦の因が明らかになったことを表わしますが、それを眼や智が生じたと言わず、「諸法が現われる」と言っています。同じことです。そして因が明らかになって疑惑が消えたというのです。老病死の苦とは、疑惑だというのです。

沙門ゴータマに諸法が現われ、すなわち苦の因が明らかになり、一切の疑惑が消滅し、苦を超えた者、すなわち仏陀（覚者）となったのです。

満足と自由の人

ゴータマは仏陀となりました。ついに道を達成し、苦しみを超えたのです。三十五歳の時でした。

苦しみが消滅したとは、どういうことなのでしょうか。悩みがなくなって明るくなったのでしょうか。確かにそうなのでしょう。でもまた暗くなったら、私たちと変わらないのです。

渇愛の滅に縁って苦の滅が達成されたのです。渇いたもののように自分の人生の意味と喜びを外に追い求める心が消えたのです。喩えていえば渇きが癒やされたのです。もはや何ひとつ外に追い求める必要がなく、すでに自らにあった意味と喜びに満ちた生命にふれたのでしょう。本当に満足したのだといえます。

私たちは、無いものを求めて獲得することだけが生きる意味だと思っています。しかし、それだけではないのです。満足したところからはじまる人生があるのでしょう。これから八十歳で生涯を終えられるまでの、仏陀ゴータマの人生は、満足からはじまる人生だったのです。

そして死を前に疑いの中に投げ込まれていたものに、死を超えた本当に明るい未来が届いているのです。ここに真の自由があります。未来に向かって希望と意欲が湧き出てくる人生を生きることができるのです。

ハンナ・アーレント（一九〇六〜一九七五）は、その大作『全体主義の起源』の最後に、「始まりは人間の最高の能力なのだ」と言います。そしてアウグスティヌスの「始まりがなされんために人間は創られた」（『神の国』）という言葉を引き、「始まりとは実は一人ひとりの人間なのだ」という言葉で結んでいます。

どんな人もみな始まりを生きることができるのです。どんな苦しみの中でも新しく始めることができます。自由をなすものが人間なのです。真の満足と自由こそが、人間として生きたといえる究極の真実でしょう。そしてここに、「ゴータマが仏陀になった」ということの意味を見出すことができるのです。

第5章　仏陀の説法

初転法輪《しょてんぼうりん》に向かって

金剛宝座《こんごうほうざ》

菩提樹の下で仏陀ゴータマが坐った場所は、金剛宝座と呼ばれています。金剛とは、硬いダイヤモンドのことで、何ものによっても破壊されないことを表わす喩えとして用いられます。ここでは、仏陀の座が金剛に喩《たと》えられているのです。死によっても壊されず失われることのない生命の意味に目覚めたから、ゴータマは仏陀（目覚めた者）なのです。だから、仏陀となったその座を、金剛の宝に目覚めた座、すなわち金剛宝座と呼ぶのでしょう。

後にそこには、石の台座が据えられました。

解脱《げだつ》の安らぎ

さて、目覚めた後、仏陀ゴータマは、そこに坐ったまま解脱の安らぎを味わいました。それから七日が経ち、三昧《さんまい》（精神を集中して思索すること）から出て、菩提樹の下からアジャパーラ・ニグローダ樹の下に移り、さらに解脱の安らぎを味わいながら、七日の間、同一に足を組んだまま坐りました。

このようにして、樹の下を移りながら数週間、静かな安らぎの中で仏陀になったことを深く味わったのだと伝えられています。

また一方、樹の下を移るごとに、そこで起きた事件としていくつかのエピソードが語られていきます。もちろん初転法輪（最初の説法）の前のことですから、それらの事件が事実あったのではありません。これから説法が開始されるのですが、初期の仏教徒たちは、前もってその説法の大事な意味をそれらのエピソードに託《たく》して伝えようとしているのです。

龍王《りゅうおう》ムチャリンダ

また七日が経ちました。そこでアジャパーラ・ニグローダ樹から、ムチャリンダ樹の下に移って、同じようにして坐りました。時ならずして、大きな黒雲がたちこめ、冷たい風が吹き、七日の間雨が降りつづきました。その時、龍王（コブラの王）ムチャリンダが、自分の住み家から出てきて、仏陀の身体を七重にとぐろを巻いて、鎌首《かまくび》をあげ頭の上を覆うようにしてじっととどまったのです。

これは、仏陀が寒さや暑さで悩まされることのないように、虻《あぶ》や蚊《か》や風や熱気や蛇《へび》がふれて悩まされることのないようにと、龍王が思ったのだと、古い伝承は語っています。

このエピソードは、奇特で徳のあるコブラがいましたということを語っているのでしょうか。そうではないでしょう。

世界は仏陀の出現を待ち望んでいる

実は、こんなエピソードもあったのです。苦行を棄てたゴータマが、近くのネーランジャラー河（尼連禅河）で沐浴した時、すっかり体力がなくなっていたので、流されそうになりました。その時、河岸の樹が枝を伸ばしてくれたので、それをつかんで河から出ることができたというのです。

これだけを読めば、体力がなかったことを強く印象づけるためだけのエピソードのようですが、そうではありません。

河岸の樹や龍王などのお話を、単独でなく合わせて一連のものとして読んで見ましょう。そうすると、仏陀を語る一つの物語の中に、自然の木々や生きものの大事な位置が見えてきます。自然は声を出しませんが、生きています。みな仏陀を護ろうとしているのです。

それを行為や声ではっきり表わしているのが、この一連の物語の中に登場する神々なのです。すでに紹介しました、ゴータマの出家を促《うなが》す浄居天《じょうごてん》などもそうでした。一刻も早く仏陀になって法を説いてほしいと願っているのです。

自然の中の生きものや神々を何度も登場させることによって、仏陀の出現とその説法を聞くことこそが、世界大の関心事なのであり、世界が待ち望んでいることなのだと物語っているのです。

この世界大の関心事を、神々の声をとおして明瞭に語っているのが、次に紹介する有名なエピソードです。

梵天勧請

次にムチャリンダ樹からラージャ・アーヤタナ樹に移って七日が経ち、さらにアジャパーラ・ニグローダ樹の下に移って、同じようにして坐りました。その時、仏陀の心にこんな思いが起こりました。

私が目覚めた法は、深遠で、見がたく、理解しがたいものである。世間の人びとはといえば、執着《しゅうじゃく》を楽しみ喜んでいる。このような人びとが、苦しみに因があるという縁起の道理を見ることはできない。私が法を説いたとしても、人びとが理解しないならば、それは徒労《とろう》ではないか。

（パーリ律大品「梵天勧請」）

それで、仏陀の心は、法を説くことに気が進まなくなったというのです。

その時、サハー世界（娑婆《しゃば》世界）の主と呼ばれるブラフマン神（梵天《ぼんてん》）が仏陀の胸中を知って、このままでは世界が滅びてしまうと思い、仏陀の前に現われて、法を説いてくださいと勧請《かんじょう》（勧《すす》め請《こ》うこと）したのです。
ブラフマン神の懇切な勧請を受けた仏陀は、

耳あるものたちは、信仰をおこすがよい。彼らに不死の門は開かれた。人びとに害あるのではと思い、微妙で卓越した法を説かなかったのだ、ブラフマンよ。（同前）

と答えました。そこでブラフマン神は、仏陀が法を説くための機会をつくることができたと思い、姿を消しました。

こういうエピソードです。実際にはもっと長いのですが、要点だけを紹介しました。仏陀ゴータマの胸中を物語る一巻の心理劇がくり広げられたかのようです。もちろんこれは初期仏教徒による創作なのです。

これはパーリ語という古代インド語で伝えられているものですが、別のインド語や漢訳されたものもあり、そこではブラフマン神だけでなく、インドラ神（帝釈天《たいしゃくてん》）と一緒であったり、三十三天とよばれる神々をともなっていたりします。またブラフマン神が「サハー世界の主」（創造主）と呼ばれていますが、これはブラフマン神についての古代の慣用的な形容句（口頭伝承の文化によくみられるものです）にすぎません。仏教においては、世界は衆生の業《ごう》によって成り立っていると考え、創造主を認めません。そういうわけで、ここでのブラフマン神の勧請とは、世界大の関心事がついに形をとったものということがいえます。

さてこのエピソードが伝えようとすることに、二つのことがあります。仏陀が目覚めた法は甚深難解《じんじんなんかい》であるということと、仏陀がこれから説かれる教説は不死の門であるということです。

人びとの執着を楽しみ喜ぶ心では、苦しみについての真実を見ることはできません。それを説いたとしても、その心に声は届きませんから、甚深難解なのです。法の問題というより、それを受けとる心の問題なのです。真実の言葉である法を受け容れることができるような心を用意しなければいけません。だから「耳あるものたちは、信仰をおこすがよい」と言っているのでしょう。

信ずるというのは、なるほどそうだと深くうなずき納得することです。説かれた言葉が、私たちのどんな問題を言い当てようとして語り出されたのかがわかれば、もうそれで十分なのです。後はどんなに時間がかかってもゆっくりと歩み出せばいいだけなのです。歩み出すことができること、それが喜びです。

そしてこれから説き始められる仏陀の教説は、不死の門だというのです。不死というのは、老病死の苦の消滅である涅槃のことです。金剛の宝、すなわち不滅の生命の意味を、不死と言います。

門があれば、そこをくぐりぬけ通っていけばいいのです。仏陀の教説は、門だというのです。しかもそれは、不死の境地に到達するための門だというのです。仏陀の教説の言葉を、仏陀の心と一つになって、その説かれるとおりに受けとめて、それを通ってはじめて不死の境地に到達するのだと、このエピソードは伝えています。

これで私たちも、仏陀の教えを聞く心の準備ができました。いよいよ最初の説法が開始されます。

最初の説法

初転法輪《しょてんぼうりん》

仏陀になられたお釈迦さまの説法がいよいよはじまります。仏陀の説法は「転《てん》法輪《ぼうりん》」と言われてきました。法輪《ほうりん》を転《てん》ずると読みます。

古代インドでは、すべての世界を統治する王のことを「転輪王《てんりんおう》」とか「転輪聖王《てんりんじょうおう》」と言いました。馬に引かせる二輪の戦車に乗って世界を征服することから、車輪を転《ころ》がす（転輪）という呼び名があるのです。

それに対して、世界が平和に統治されるのは、戦車の車輪ではなく、仏陀の説法、すなわち法の車輪（法輪）を転がすことによるのだと、喩えて言ったのです。ですから「法輪」という言葉には、平和への強いメッセージがこめられています。古代の初期仏教徒たちによって用いられだしたものです。そして最初の説法なので、初転法輪と言われます。

鹿野苑《ろくやおん》の五比丘《ごびく》

ガヤーの町の近郊の森で共に道を求めていた五人の比丘《びく》がいました。出家者ですので、比丘（乞食者）と呼びます。苦行を捨てたお釈迦さまを見て、「ゴータマは堕落した」と思い、そばから立ち去ったのでした。

誰に最初に法を説こうかという時、その五比丘にしようと思われたのです。彼らは、ガヤーの町から二〇〇キロメートルあまり離れた鹿野苑《ろくやおん》にいたのです。二週間もかかるでしょうか、彼らのところにまで来られました。

彼らは近づいてきても挨拶などしないでおこうと取り決めていたのですが、前の習慣から思わず親しく名を呼んで迎えいれました。

しかしお釈迦さまは、如来《にょらい》である仏陀を親しく名で呼んではならないとお応《こた》えになるのです。仏陀はまた如来とも呼ばれます。真実そのもの（如）がその人にまでなったという意味なのです。そこで「聞くがいい。不死が得られた。私は説こう」と言われました。

ですが彼らは、ゴータマは堕落したと決めこんでいます。「あなたは、贅沢《ぜいたく》な生活に戻ってしまった。どうしてそんなことがあろうか」と聞きいれないのです。さらに二回繰り返されますが、同じです。そこで「これまで私はこんなことを言ったことがあるか」と言われます。すると「いえ、そんなことはありませんでした」と答えます。そこで五比丘は、仏陀の言葉を聞こうという心構えができた、と伝えられています。

実際にこんな対話があったのかどうかわかりません。しかしこれもまたパーリ語の『律《りつ》』の「大品」に伝えられる古い伝承なのです。きっと、いぶかしさを超えて驚きが生まれ、お釈迦さまの話を聞こうという心になったに違いないと思います。その驚きの中心には「不死が得られた」という一事があったことを、エピソードは伝えようとしているのでしょう。

中道《ちゅうどう》

説法は、「中道」からはじめられました。道を求めて歩み出した者は、二つの極端（二辺《にへん》）に近づいてはならない。一つは、愛欲や快楽をほしいままにするという極端（楽辺《らくへん》）である。もう一つは、自らを疲れさせるという極端（苦辺《くへん》）である。この両極端に近づかず中道を知って、涅槃に達したのである、と。

楽辺とは、死の苦を見ないで人生を楽しもうとする態度でしょう。それに対し苦辺とは、苦を直接に取り除こうとして、身体をいたずらに制御し疲れさせる、いわゆる苦行です。

どちらの極端にも近づかない生き方が、中道です。問題領域は、苦しみにありました。どちらも、苦と苦の因をありのままに見ない態度です。したがって中道とは、苦のど真ん中でその苦を如実に見ることから開かれる道だと言えるでしょうか。ですからそれはまた、正見からはじまる八正道であると説かれます。正見とは、苦を如実に見る智慧のことです。

四つの真実

次に、このような智慧によって見られた真実が、四つの項目で説かれました。四聖諦《ししょうたい》と言います。

苦聖諦《くしょうたい》　苦という聖なる真実
集聖諦《じっしょうたい》　苦の因という聖なる真実

滅聖諦《めっしょうたい》　苦の消滅という聖なる真実
道聖諦《どうしょうたい》　苦の消滅にいたる道という聖なる真実

「諦《たい》」（「明らかな」の意）とは、「本当にあるもの」「真実」を意味するサンスクリット語の漢訳です。「聖《しょう》」は、真実に向かって心が開かれている気高い人びとのことです。だから「聖諦」（聖なる真実）とは、気高く聖《とうと》い人びとにとっての真実なのです。それは存在していても、心が閉ざされているものには見えないからです。

四苦八苦

苦聖諦とは、現に苦ありと認めたところから見出されてくる真実です。最初の説法で、このように説かれています。

生まれることも苦であり、老いることも苦であり、病むことも苦であり、死ぬことも苦である。憎いものに会うことは苦であり、愛するものと別れることは苦である。欲するものが得られないのも苦である。要約して、五取蘊《ごしゅうん》は苦である。

（パーリ律大品「四聖諦の教説」）

ここに、生老病死の四苦と、怨憎会苦《おんぞうえく》、愛別離苦《あいべつりく》、求不得苦《ぐふとくく》、五取蘊苦《ごしゅうんく》が説かれ、これを合わせて四苦八苦と呼んできました。お釈迦さまの最初の説法の言葉が、私たち現代の日常語にまでなっているのです。

四苦の中の生苦とは、誕生の苦です。前に「老病死の苦は生《しょう》に縁《よ》る」と、縁起《えんぎ》の観察のところで話しました。人間に生まれたから、老病死を苦しみとして経験するのです。生は苦の因なのです。ここでは、苦をもたらすから、その生もまた苦だと言ったのです。

最後の五取蘊苦というのは、さまざまな苦をまとめて言い表わしたのです。生活経験のすべてを五つで代表し、それらを自己のものとすることから苦しみが生ずるという意味なのです。まずは、人生が苦であるということだと受けとめておきましょう。

苦しみの正体

集聖諦の集《じゅう》とは、生起《しょうき》を意味するサンスクリット語の漢訳です。苦しみがどこから生ずるのかについての真実です。したがってこれも縁起の観察にもとづいています。観察そのものは、苦の多くの原因を見出していますが、その中の渇愛《かつあい》一つが苦の因であると説かれています。したがって最初の説法では、苦の根本原因を渇愛であると説いたのです。

渇愛とは、私が私であることの意味と喜びを、渇いたもののように外に追い求めることでした。この渇愛が、死にゆくものである私を苦しみへと突き落とすのです。ここに、苦しみの正体が暴《あば》かれたのです。

涅槃はどこにあるか

苦しみから解脱する道は、苦しみを直接に滅するのではなく、苦の因の消滅によるのだと説かれました。それが滅聖諦です。涅槃とは苦の消滅ですが、それは渇愛の消滅を内実とします。したがって、その涅槃においては「星も光らず、日も輝かない。月の光はなく、闇もそこにはない」「この世もあの世もなく、死ぬこと、生まれることがない、苦の終極である」などと後に説かれます（『ウダーナ』）。光であれ闇であれ、私の喜びとしてつかまれるものが何も存在していないことで、渇愛の心の消滅が表わされているのです。

まっすぐな一本道

このような苦の消滅すなわち渇愛の消滅が達成される真実の道が、道聖諦であると説かれます。それは先に言いました八正道です。

正見《しょうけん》（苦をありのままに見ること）、正思《しょうし》（苦を超えんとする意志）、正語《しょうご》（ありのまま語ること）、正業《しょうごう》（まことの行ない）、正命《しょうみょう》（道のある生活）、正精進《しょうしょうじん》（まことの勇気）、正念《しょうねん》（真実相の憶念）、正定《しょうじょう》（静けさの中の思惟）。

ここに「正しい」というのは、その道がまっすぐに涅槃に至り、間違った道ではないということです。そして先にこれが中道であると説かれていました。これこそが苦の真ん中を通ってまっすぐに涅槃に至る一本道なのです。

これが、最初の説法です。四つの真実からなっていますので、四聖諦の教説と呼ばれています。ここには、お釈迦さまが歩み出されて道を成就され仏陀になられたその全過程が、四項目にまとめて説き示されているのです。これで、仏教のすべてがつくされています。四聖諦の教説とは、仏教の基本形なのです。

無我の教説

コンダンニャはさとった

お釈迦さまは、鹿野苑で最初の説法をされました。「四聖諦《ししょうたい》の教説」と言います。それを聞いた五比丘の一人、コンダンニャに浄《きよ》らかな法眼《ほうげん》が生じました。お釈迦さまが目覚められたのと同じ真実を見る心が開かれたのです。その心を、法を見る眼、すなわち法眼と呼ぶのです。苦しみが消滅したというのではなく、苦しみとその原因を明らかにしていくことのできる智慧の心が生じたということです。

その時お釈迦さまは感きわまり「コンダンニャはさとった、コンダンニャはさとった」と声を出されたのです。甚深難解《じんじんなんかい》な法が伝わった喜びがほとばしり出たのですね。コンダンニャは、それから「アンニャータ・コンダンニャ」（さとったコンダンニャ）と呼ばれることになったそうです。

そこで、三人の比丘たちが乞食に行き、いただいたもので六人が暮らし、お釈迦さまは、他の比丘たちに、法を説かれたのです。そしてやがて、他の四人の比丘たちにも法眼が生ずることになりました。

それは自己ではない

同じ鹿野苑で五比丘に向って、第二の教説が説かれました。「無我《むが》の教説」と言います。仏教の考え方の中で最も有名なものが、この無我の思想と言ってよいでしょう。初めは、次のように説かれています。

比丘たちよ、色《しき》は自己ではない。もしこの色が自己であるとするなら、この色は悩みをもたらすことはないであろうし、私の色はこのようであれというようなことができるであろう。しかし比丘たちよ、色は自己ではないがゆえに、色は悩みをもたらし、私の色はこのようであれというようなことができないのである。

（パーリ律大品「無我の教説」）

この「色」の部分が、受《じゅ》・想《そう》・行《ぎょう》・識《しき》と入れかわりますが、後は同じフレーズが繰り返されます。いずれにせよ、それらは「自己ではない」こと、あるいは「私のものではない」ことが説かれています。

そして次に、この色・受・想・行・識は、無常であり、苦であり、変化するものであることを確認し、そこで次のように説かれます。

それゆえに比丘たちよ、どんな色も、どんな受も、どんな想も、どんな行も、どんな識も、すべてを、これは私のものではない、これは私ではない、これは私の自己ではないと、このようにこれを如実に正しい慧《え》をもって見なければならない。（同前）

これが「無我の教説」の中心にあることばなのです。

自己と見なされる五つの集まり

教説中の五つの項目のそれぞれの意味はこうです。

「色」とは、形を意味します。まずは視覚の対象としての形あるものですが、ここではさらに広く、音声、香りなどのように知覚でとらえられる形をもったものを指しています。「受」とは、苦楽や快不快などの、感じていることを意味します。「想」とは、男だ、女だ、村だというように、言葉による表象を意味します。「行」とは、諸行無常という時の諸行です。意味や価値をもって形成されたものです。「識」とは、知る心を意味しています。

この五つをそれぞれ「色蘊《しきうん》」「受蘊《じゅうん》」などと言い、合わせて「五蘊《ごうん》」と言います。蘊とは集まりという意味です。「色」とよぶことができるものはたくさんあります。だから色の集まりと言うのです。全部合わせて五つの集まりと言います。

ではこの五つは、この教説で、いったい何を意味しているのでしょうか。これらはどうして、「自己ではない」という観察判断の主題となっているのでしょうか。

なぜなら、私たちはこれら五つを、「自己である」と見なし、とらわれているからなのだと、考えなければならないでしょう。つまり、お釈迦さまが「それは自己ではない」と説法されるのは、「それは自己である」と思い込んでいる私たちに対する教えなのだと受けとめるべきなのです。だからまたこの五蘊は五取蘊とも言われるのです。「取」とは自分のものにするという意味です。五取蘊とは、自分のものとされる五つの集まりということです。

そのように受けとめてはじめて五つの項目の意味が少し理解できるように思います。私たちにとって、色が自己であるとは、どういうことでしょう。形あるものの中でも、病にかかるなどして悩みをもたらすものとは、身体のことです。確かに、身体こそが、自己であり、私のものであると思いなしています。受とは、快不快という感覚です。快適なところに我が身をおきたい。そんな感覚をよりどころとして生活しています。それが受を自己としているということでしょうか。想とは、言葉による表象でした。内面にある精神性の象徴のようなものと言えるでしょうか。諸行は、人間が作りだしてきた諸々のものです。家庭、会社、政権、国家、民族など、あるいは財産、名誉、思想などもそうです。これらもまた自己と見なされ、時には生命にかえてもと思いこむことがあります。識は知る心ですから、これこそ自己と見なされるでしょう。

諸法無我

そして、私たちの生活経験の中でこの五つの項目以外に自己と見なされるものはありません。つまり、この五蘊によって、自己と見なされるものすべてが含まれています。ですから、五蘊それぞれが自己でないということは、私たちの生活経験の中で自己と見なしうるものはどこにも存在していないことを意味します。

実はこれら五つは、想蘊をのぞいて、縁起の観察の中で、苦しみの原因として観察されていたものなのです。苦しみの真実を見る智慧によって観察されたものは、法と呼ばれました。したがってこの教説の中の五蘊もまた諸法と呼ばれ、苦しみをもたらす原因という意味をもちます。このような諸法はどれも自己ではないのですから、諸法のどこにも自己は存在しないのです。それを諸法無我《しょほうむが》と言います。

しかし、私たちは、自己と見なしうるものがないにもかかわらず、自己を外に追いかけ求めているのです。そのような私たちの心を、最初の教説は、渇愛と説いていました。だからこの無我の教説もまた、苦しみの根本原因である渇愛の心を離れるために説かれたものなのです。

女を探し求めることと自己を探し求めること

こんなエピソードが伝えられています。お釈迦さまが、ある林で休息されていた時のことです。その林に、青年たちが伴侶を連れて遊びに来ていました。一人の青年は伴侶がおらず、街の女性を連れてきていました。その女性が、青年の財布を奪って逃げたのです。青年たちはその女性を探しまわり、やがてお釈迦さまのところに来て、女を見なかったかと尋ねました。お釈迦さまは青年たちに言いました。「青年らよ、汝らはこれをどう思うか。女を探し求めることと、自己を探し求めることと、汝らにとってどちらが大事なことか」と。青年たちは「自己を探し求めることこそが、われらにとって大事です」と答えます。そこでお釈迦さまは彼らのために法を説き、青年たちはみな出家しました、というものです。

このエピソードは、無我の教説の少し後に置かれて伝えられています。ですから、無我の教説というのは、自己が存在しないことを説くためにあるのではなく、むしろ、本当に確かな自己を明らかにしなさいという教えなのだと受けとめなければならないのです。

初期仏教徒たちがお釈迦さまの教説をどのように仰ぎ伝えようとしたのか、ということをうかがうことができるようなエピソードです。

第6章　心を一つにして歩む者たちの集い

仏法僧《ぶっぽうそう》――三宝《さんぼう》

僧伽

最初の教説が説かれて、五比丘たちに次々に法眼《ほうげん》が生じたことをお話ししました。それは、お釈迦さまが目覚めた真実（法）を聞いて、疑いを越え、自ら思索することができる心が開かれたということを表わすものでした。

そこで五比丘たちはそれぞれに、お釈迦さまのもとで出家したいと、あらためて認可を求めました。お釈迦さまは、「来たれ比丘。ここで完全に苦しみを終らせるようつとめるがいい」と言って認可されることになりました。

ここに、仏陀釈尊とそのもとで出家した五人の仏弟子による、まったく新たな集《つど》いが生まれることになります。それをサンガと言います。「僧伽」はその音写語で「そうぎゃ」と読み、省略して「僧」と言います。最近は、インド語の音のままで「サンガ」という読みを当てることもあります。

僧伽《サンガ》は、職人の組合などのように、目的を同じくする者たちの「集まり」を意味して用いられました。仏教の場合、お釈迦さまの教えによって開かれた人間関係からなる集まりです。仏陀の心と一つになって歩みを進める者たちのことでもありますから、和合僧《わごうそう》（心を一つにして歩む仏弟子たち）とも言います。

六人の阿羅漢《あらかん》

次にお釈迦さまは、無我の教説をお説きになられたこともお話ししました。その時のことを、経典や律の伝承者（結集者《けつじゅうしゃ》とも言います）はこのように伝えています。

この教説が説かれた時、五比丘の心は、何ものにもよることなく、諸《もろもろ》の漏《ろ》から解脱《げだつ》した。そしてその時、世間に阿羅漢《あらかん》は六人となった。（パーリ律大品）

渇愛《かつあい》や無明《むみょう》などの苦しみを生ずる心のことを、ここでは「漏」と言っています。すべての漏から解脱したとは、完全に苦しみを越えたということです。五比丘たちは、無我の教説を聞いて、ついに目的を果たしたのです。

そして、世間に阿羅漢が六人となったと言っています。阿羅漢（パーリ語でアラハン）とは、沙門たちに用いられた称号です。「供養をうけるにあたいするもの」（応供《おうぐ》）という意味です。供養とは、尊敬の心から供物をささげることです。だから尊敬にあたいするものという意味なのです。人びとから尊敬されることになるのは、彼らが出家して求めた道が達成されたからです。阿羅漢とは、道を成就したものに与えられる称号なのです。

しかも、道の達成者という点では、お釈迦さまも五比丘も同じです。師と弟子という位置の区別はありますが、達成した道は一つです。だから、世間に阿羅漢は六人となった、というのです。

青年ヤサの出家

雨期（六月から九月の四か月）となったので、その間（雨期のうち三か月、八月まで）、遊行《ゆぎょう》をやめて一つの所に住《とど》まります。それを「安居《あんご》」と言います。お釈迦さまたちも、しばらく鹿野苑に住まりました。その時のことです。鹿野苑は、ガンジス河沿いの古い大きな都市バラナシの郊外にあります。バラナシの商人の息子ヤサが、自分の生活がすっかりいやになって家を飛び出してしまいました。明け方、鹿野苑を逍遙《しょうよう》されるお釈迦さまに出会い、「苦しい、悩ましい」と訴えます。「ここは苦しみがない。ここは悩みがない。ここに来て坐りなさい。

あなたに法を説こう」と声をかけられ、ヤサはお釈迦さまの前に坐ります。

お釈迦さまは、順にお話しされ、ヤサの心が調《ととの》い、柔らかく、澄みきったのを知って、苦集滅道《くじゅうめつどう》の四聖諦をお説きになりました。

ヤサには、汚れのない布が染料に染まるように、ただちにその座において、浄らかで汚れのない法眼《ほうげん》が生じたのです。

最初のウパーサカとウパーシカー

さて一方、青年ヤサの家では息子ヤサを探して使者を四方に走らせています。商主の家長である父は、鹿野苑のお釈迦さまのところに来て、ヤサが来なかったか尋ねます。お釈迦さまは、ヤサの父を坐らせて、順に話して法を説きました。商主の家長に、ただちにその座で、浄らかで汚れのない法眼が生じました。

そこで商主の家長であるヤサの父は、「世尊に帰依《きえ》します。また法と比丘僧伽に帰依します。世尊は私を今日より命の限り帰依したウパーサカとして受け入れてくださいますように」と言って、お釈迦さまの教えをいただいて生活するものとなったのです。

ヤサの父は、世間で三帰依《さんきえ》をした最初のウパーサカ（優婆塞《うばそく》）です。ウパーサカとは、もとはお仕えするものという意味ですが、在家で仏教徒となったものを表わします。

青年ヤサは、お釈迦さまが父に説法しているのを聞いていて、すべての漏から解脱して阿羅漢になりました。世間に、阿羅漢は七人となりました。

お釈迦さまは、ヤサの父に、ヤサが再び以前のような家庭生活者となって欲望を享受することができるだろうか、と尋ねられます。父は、それはできないだろうと言って、出家することを許します。しかしこのことは、お釈迦さまから直接にヤサの母親に言ってほしいので、食事にきてくださるように、と願いました。

お釈迦さまは、沈黙で了承の意を伝えます。

さてその午後に、お釈迦さまはヤサを連れて、ヤサの家を訪れました。そこで、ヤサの母と前の妻とに、順に話して法を説きました。彼女たちに、ただちにその座で、浄らかで汚れのない法眼が生じました。

ヤサの母と前の妻は、「世尊は私たちを今日より命の限り帰依したウパーシカーとして受け入れてくださいますように」と言って、在家のままお釈迦さまの教えのもとに生きるものとなることを願ったのです。ウパーシカー（優婆夷《うばい》）とは、在家の仏教徒の女性形です。彼女たちは、三帰依をした最初のウパーシカーです。

次第説法《しだいせっぽう》

お釈迦さまは、聞く人の心の動きを知りながら説法されました。それは、日々の生活の中で、施《ほどこ》しのこと、自らの生活態度のこと、美しく善良なことなどから話し始められました。それを施戒天《せかいてん》の話と言います。そして欲望におぼれることの危うさや汚れた関わり、世間を超え勝れたことがあるということを話して、その人の心が柔らかく澄みきってきて、聞く心構えができたところで、四聖諦の教えを説かれたのです。これを次第説法と言います。

みなさまざまな関心のもとに生活しています。しかし、そんないろいろな心に合わせて話したというのではないでしょう。誰もみな人として生きる喜びやつらさを知っています。その心の琴線にふれながら話を進められたのだと思います。そしてどんな人にも、出家者であれ在家者であれ、同じように、諸仏の最勝法説《さいしょうせっぽう》とも言われる四聖諦の教えを説かれたのです。

三宝をよりどころにする生活

お釈迦さまの法を聞いて心開いた者には、出家者にも在家者にも、法眼が生じたと言われています。そしてそこでみなこのように語っています。

尊師《そんし》よ、すばらしいことです。尊師よ、すばらしいことです。尊師よ、あたかも倒れたものを起こすように、また覆《おお》われたものの覆いを除くように、また迷ったものに道を示すように、また眼あるものは形を見るであろうと暗闇に灯火をかかげるように、このようにさまざまな仕方で、世尊によって法は明らかにされました。尊師よ、この私は世尊に帰依いたします。また法と比丘僧伽に帰依いたします。

（パーリ律大品など）

無常の世に漂《ただよ》い、一人で死にゆく者が、ここに本当に確かな支えであるよりどころを見出すことができた、という感激が伝わってきます。これは、お釈迦さまと一つの心になって生きることができるものとなったという喜びなのです。仏陀と、その教説である法と、その教説によって開かれた集いである僧伽という、この仏法僧こそが確かなよりどころです。だからこの上ない三つの宝なのです。

出家する者、あるいは在家のまま生活する者と、形は異なっても、仏弟子であるということに区別はありません。これが最初期の仏教徒たちが伝える仏教の生活のすがたなのです。

仏弟子たち

ただ一人歩め──遊行の開始

お釈迦さまが、鹿野苑にしばらく住《とど》まられていた時、青年ヤサをはじめとして、その友人たちが次々に訪ねてきて、みなお釈迦さまのもとで出家し、やがて道を達成しました。そして世間に阿羅漢は六十一人となったと伝えられています。たくさんの仏弟子ができたのです。そしてみな青年でした。

雨期も終わりかけたころ、お釈迦さまは、お弟子さんに向かってこのように言われました。

私は神々のわな縄からも人間のわな縄からも解放された。汝たちもまた神々のわな縄からも人間のわな縄からも解放された。世間への慈《いつく》しみのために、神々や人びとの利益と幸せのために遊行するがよい。二人が一つの道を行ってはならない。

（パーリ律大品）

神々（天）は、美しく善きものたちで、人間の世界よりずっと上等です。それでも死にゆくものです。だから人間のように、死にゆく不安を覆いかくそうとして、それぞれの境涯に貪愛《とんあい》をいだくのです。その境涯への執着が、神々や人間をとらえて死王の前に引きずり出す「わな縄」だということなのです。お釈迦さまも、仏弟子たちも、そのわな縄からすっかり解放され、本当に自由にどんな人とも通じあえる心が得られていますす。ですから、いつも共にある心をもって、ただ一人歩め、と言うのでしょう。

カッサパ三兄弟への教化

さてお釈迦さまも、マガダ国の王舎城《おうしゃじょう》の方に向かって、遊行に出られました。その途中の町ガヤーの近郊のウルベーラーの森には、結髪《けっぱつ》の行者であるカッサパ（迦葉《かしょう》）という姓の三兄弟がいました。長兄のウルヴェーラ・カッサパには五百人の弟子があり、ナディー・カッサパに三百人、ガヤー・カッサパに二百人の弟子がいました。

お釈迦さまは、彼らを教化するために、まずウルヴェーラ・カッサパのところに立ち寄られました。彼は自分のことを阿羅漢であると思い込んでいたのです。そこで彼の思い込みを破って、阿羅漢ではないと教誡《きょうかい》されたのです。ウルヴェーラ・カッサパと二人の弟、そしてその弟子たちは、みなお釈迦さまに帰依しました。

ここでその一千もの比丘たちに向かって「火の法門」と呼ばれる教えを説かれます。見る眼、見られる形、聞く耳、聞かれる音、それらを知る心も、みな燃えあがっている。貪り（貪《とん》）と怒り（瞋《しん》）と愚かさ（癡《ち》）の火によって燃えあがっている。その眼や耳、形や音などを厭離《おんり》、離欲《りよく》し、解脱することによって、苦しみをもたらす心（漏《ろ》）から解脱するという教えでした。これを聞いた一千の比丘たちはみな解脱したと伝えられています。

ビンビサーラ王の帰依

かつて、お釈迦さまは苦行に入られる前に、王舎城でビンビサーラ王（頻婆娑羅王《びんばしゃらおう》）に会っていたのです。そして道を達成したらそれを説きにくると約束していました。

お釈迦さまは、一千の比丘たちとともに、王舎城に入っていかれました。ビンビサーラ王は、お釈迦さまが王舎城におられることを聞き、十二ナフタ（十二千億）もの人びとを連れて、お釈迦さまを訪ねました。

そこでお釈迦さまは、次第説法をして、四聖諦の教説をお説きになります。ビンビサーラ王をはじめとする十二ナフタの人びとに、ただちにその座において、法眼《ほうげん》が生じました。そのなかで、ビンビサーラ王をはじめとする一ナフタの人びとが、ウパーサカ（優婆塞《うばそく》）になることを願いでたのです。

実態を想うにはあまりにも数が大きくなっているのですが、要するに、王をはじめとしてとてもたくさんの王舎城の人びとが帰依して仏弟子となったけれど、それはすべての人たちではないということなのでしょう。

翌日、ビンビサーラ王は、お釈迦さまと一千の比丘たちを食事に招きます。そこで王は、遊行されている仏陀や比丘たちが王舎城に立ち寄られた時、静かに休息ができ、また教えを聞きに行きやすい場所があればいいと考えます。近すぎず遠すぎず、静かに思索するにふさわしい土地をさがしました。そして王舎城の竹林園を寄進したいと申し出ました。

お釈迦さまは、その申し出を受けられました。そこは、竹林精舎《ちくりんしょうじゃ》と呼ばれることになります。その竹林は、とても静かで、美しく、くつろいで身体を横にすることができる場所なのです。日本の竹林とは少し違うのです。現地に行って見るのが一番でしょう。

サーリプッタとモッガッラーナの帰依

お釈迦さまが、王舎城にしばらく滞在しておられる時、王舎城にはサンジャヤ・ベーラッティプッタという沙門がいました。六師外道の一人として伝えられている高名な沙門で、懐疑論を唱えた思想家でもあります。

彼には二五〇人の弟子がいました。その中に、サーリプッタ（舎利弗《しゃりほつ》）とモッガッラーナ（目連《もくれん》）がいたのです。彼らは、王舎城から少し北にあるナーランダ村近くの生まれで、親しく共に学びあっていたのですが、二人とも無常を知って出家し、「最初に不死を得たものは告げよう」と約束していました。

サーリプッタとモッガッラーナは、後に仏弟子となって僧伽のリーダーになっていったのですから、やはり出家したその時点から目的は明らかでその意識は高いですね。

お釈迦さまの最初の説法を聞いた五比丘の一人アッサジ（馬勝《めしょう》）も、王舎城にきていました。アッサジが早朝に乞食をしているのを、サーリプッタは見かけました。アッサジはすでに阿羅漢です。それが彼の立ち居振る舞いの中にもうかがわれたのでしょうか。サーリプッタは、アッサジに尋ねます。

友よ、あなたの感覚は澄みきりおだやかで（諸根悦豫《しょこんえつよ》）、膚の色は清らかでとてもきれいだ（姿色清浄《ししきしょうじょう》）。友よ、あなたは誰のもとで出家したのか。あなたの師は誰なのか。あなたは誰の法を喜んでいるのか。（パーリ律大品）

アッサジは、自分の師がお釈迦さまであること、そして「諸法《しょほう》は因から生じ、消滅すると、如来は説いている」とその教えの要点のみを答えました。これを聞いて、サーリプッタに、浄らかな法眼が生じたのです。彼にはそれで十分だったのでしょう。

サーリプッタはいそいでモッガッラーナのところに帰ります。モッガッラーナは彼を見て言います。

友よ、あなたの感覚は澄みきりおだやかで、膚《はだ》の色は清らかでとてもきれいだ。友よ、あなたは不死を得たのですか。（同前）

サーリプッタは答えます。

友よ、そうです。私は不死を得たのです。（同前）

アッサジのことを聞いたモッガッラーナにも法眼が生じました。そこで二人は、サンジャヤの二五〇人の弟子たちとともに、お釈迦さまのもとで出家し、仏弟子となりました。後には、仏弟子たちの中で、サーリプッタは智慧《ちえ》第一と呼ばれ、モッガッラーナは神通《じんずう》第一と呼ばれることになります。

あなたは不死を得たのですか

これまで、古代インド語の一つであるパーリ語による「律《りつ》」（僧伽の規律をまとめたもの）の「大品《だいほん》」にしたがって、お釈迦さまが仏陀になられたところから仏弟子たちが生まれてくるまでを話してきました。

ここには何度も繰り返されている主題があります。その一つは「法眼《ほうげん》が生じた」という表現です。お釈迦さまが目覚められたのと同じ真実（法）に向かって心が開かれたということを表わすものでした。そして、在家者にも出家者にも同じように用いられています。

もう一つは「不死」です。不死というのは、老病死の苦を超えた生命の意味です。すでに梵天《ぼんてん》勧請《かんじょう》のエピソードに「不死の門が開かれた」とありました。そして五比丘たちに向かって「不死が得られた」と語っています。

そしてサーリプッタとモッガッラーナの間での、不死についての対話です。

あなたは不死を得たのですか。
そうです。私は不死を得たのです。
（同前）

どうしてこういう軽妙なやりとりができるのでしょう。しかもこれは、法眼が生じた二人の間でのことで、いまだ阿羅漢になる前のことです。

したがって、法眼が生ずるということ、すなわち真実に向かって心開かれるということの中に、すでに不死という意味をもった生命を生きることがありうることを示唆していると言えるかもしれません。

仏弟子の信仰

三帰依

お釈迦さまのもとで、出家であれ在家であれ、とても多くの人びとが仏弟子となっていきました。仏弟子というのは、仏陀であるお釈迦さまの心と一つになって、苦しみを超え仏陀になる道、すなわち仏道を歩むものたちのことです。

このような仏弟子たちの歩みを、「仏法僧の三宝をよりどころにする生活」として、前にすでにお話ししました。お釈迦さまの教えを聞くことによって、本当に確かなよりどころを見出した人びとは、「仏陀と法（教え）と僧伽に帰依します」と宣言して、仏弟子となりました。

このように確かなよりどころのある生活をすることを「帰依する」と言いま

す。仏法僧の三つを本当のよりどころとして生きるということです。これを三帰依というのです。それをこのように唱えます。

Buddhaṃ《ブッダン》 saraṇaṃ《サラナン》 gacchāmi.《ガッチャーミ》
私は仏をよりどころとして生きていきます。
Dhammaṃ《ダンマン》 saraṇaṃ gacchāmi.
私は法をよりどころとして生きていきます。
Saṅghaṃ《サンガン》 saraṇaṃ gacchāmi.
私は僧をよりどころとして生きていきます。

世尊は仏陀であると信ずる

仏法僧に帰依するというのは、仏法僧を真に確かな支えであると信ずることにほかなりません。したがって三帰依とは、仏教徒の信仰を表わすものなのです。だからまたこのようにも表白されます。

「世尊《せそん》は正覚者《しょうがくしゃ》である。世尊によって法はよく説かれた。世尊の弟子《でし》僧伽《サンガ》はよく歩む」と信ずる。

（中部経典四十七など）

この中で、「世尊は正覚者である」すなわち「世尊は仏陀である」と信ずるということが、中心にあります。

世尊とは、お釈迦さまのことです。私たちと同じ世界に生きる一人の具体的な人です。その世尊と呼ばれるその人が仏陀であると信ずるということ、これが仏教徒の信仰の核心にあるのです。

お釈迦さまは仏陀となられたかたですので、その人を仏陀であると信ずるというのは、仏教徒としては、ごく当然のことのように思われます。

仏陀との出会い

まったく何でもないような小さなエピソードが作られて、初期仏教徒たちによって伝承されてきました。それはこういうものです。

お釈迦さまが仏陀になられて、最初の説法をするために鹿野苑にいた五比丘たちのところに向かって歩き出されてすぐのことです。その途上で、ウパカという邪命外道《じゃみょうげどう》（沙門だけど仏教徒ではないというくらいの意味だと了解しておきましょう）が、お釈迦さまを見かけ、そのかもしだす威容に驚いたのか、問いかけます。

友よ、あなたの感覚は澄みきりおだやかで（諸根悦豫《しょこんえつよ》）、膚の色は清らかでとてもきれいだ（姿色清浄《ししきしょうじょう》）。友よ、あなたは誰のもとで出家したのか。あなたの師は誰なのか。あなたは誰の法を喜んでいるのか。（パーリ律大品）

このフレーズは、サーリプッタがアッサジに問いかけたのと同じです。道を達成した人の内面の表出をこのように言うのでしょう。

この問いかけに対して、お釈迦さまは、自分に師はなく仏陀であると答えます。しかしウパカは、「あるかもしれない」と言って頭をふりながら去っていきました。

これだけです。これは、最初の説法が開始される直前におかれたものです。いったい何のためのエピソードなのでしょうか。

繰り返しになりますが、お釈迦さまはウパカに向かって、自分は仏陀であると言います。つまり仏陀自身がウパカの面前で「私は仏陀です」と言ったのです。しかし彼は、少し理解を示すのですが、結局その場を去っていきました。

つまりこうです。仏陀自らが仏陀であると明言したからといって、誰もが「確かにそうだ」と信ずるわけではないということです。そして、そこに仏陀自身が立っていて、仏陀であると言っても、仏陀であると信じないならば、そこに仏陀はいないのです。仏陀に出会っても、仏陀に出会えないということです。仏陀に出会って教説を聞くということが成り立つためには、仏陀への信仰がなければならないのです。

真実であると仰ぐ心

ではこれとは逆に、仏陀であると信ずることができるのは、どうしてなのでしょうか。

もちろん「仏陀である」というのは、単なる符号ではありません。そこには、苦しみを超えて真実に生きる人であるという内実があります。お釈迦さまを仏陀であると信ずるのは、そのような内実をともなっているのでなければなりません。

そして、お釈迦さま自身が真実を求めて歩み出すことがどうしてできたのかをすでに尋ねてきました。お釈迦さまの場合、四門出遊の物語の中で北門から出かけた時に道の途上で出家者に会って、「この人はほんものだ（これはこれ真なり）」と信じて大いに喜んだとありました。この物語が伝えることは、真実を求める心が、真実を生きる人を見つけ出すのだということなのでしょう。

仏弟子たちについても問題はまったく同じなのです。一人の人であるお釈迦さまを、「この人はほんものだ」と信ずることができたから、そのお釈迦さまを、真実を生きる人、すなわち仏陀として仰ぎ、仏弟子になったのだということができます。

法を見るものは仏を見る

前にも言いましたが、信ずるというのは、それは真だと思うこと、なるほどそのとおりだとうなずき納得することです。その納得のためには、それだけの根拠や理由があってのことでなければなりません。

これは信ずること一般についてのことですが、仏陀を信ずることも同じことです。それでは、実際の一人の仏弟子をとりあげてその信仰を尋ねてみましょう。

信仰篤《あつ》きヴァッカリという仏弟子がいました。重い病気にかかり床《とこ》から出られなくなりました。そこで、お釈迦さまに見舞いに来てくださるように使いを出します。

お釈迦さまは承諾してヴァッカリを訪ねます。そこでヴァッカリは、悩みを訴えます。

尊師よ、私は久しく世尊を拝見したくおそばに参ろうと望んでいます。しかし、私が世尊を拝見するためにおそばに参りますだけのそれだけの力が、私の身体にはありません。

（相応部経典「ヴァッカリ」）

これはヴァッカリの信仰の悩みなのです。ヴァッカリは、お釈迦さまの崇高なお姿を見て、仏陀であると信じたのです。ですから常にお姿を拝見していることで、その信仰が支えられているのです。しかし病いを得てそれができなくなったというわけです。

お釈迦さまは答えられます。

よしなさい、ヴァッカリ。あなたがこの腐《くさ》っていく身体を見たからといって何になろうか。ヴァッカリよ、法を見るものが私（仏）を見るのです。私（仏）を見るものは法を見るのです。

（相応部経典「ヴァッカリ」）

お釈迦さまは、ヴァッカリに教誡《きょうかい》されます。いったいあなたは何を見て仏陀であると信じているのか、と。どんなに美しくとも身体は朽《く》ち果てていくのです。それと同時に信仰の根拠もくずれていきます。

お釈迦さまが、苦しみの真実を見る智慧によって現観《げんかん》したものが、法と呼ばれました。その同じ法を見るものが、仏陀を仏陀として仰ぐことになるというのです。

お釈迦さまを仏陀として信ずるということが成り立ったとしても、その信仰の根拠がどれほど確かなものであるか、それが徹底して問われているのです。

四姓平等

社会差別の中で

インドのカースト制度がどのように成立していったのかということは、すでに簡単にお話しししました。紀元前八世紀ころからはじまり、現代の今日にまで存続し続けている深刻な社会差別です。

お釈迦さまも、そのカースト社会の内部で、クシャトリヤ（王族、戦士）として生まれ育った人です。そしてその紀元前六世紀ころは、カースト社会の頂点に立つブラーフマナ（婆羅門、司祭者）たちによって、自分たちをはじめとする各カーストそれぞれが、どのような社会的な義務をはたすべきかということが考えられ、規定されだした時期でもあります。その社会的な義務はダルマ（法）と呼ばれ、いくつかのダルマ・スートラ（法典）が成立していきます。

そういう時代の中で、多くの沙門たちが現われ出家していったのです。これはブラーフマナたちからすれば、社会的義務の放棄です。そこで、若いときはヴェーダ聖典の学習をし、それから結婚をして男子をもうけ、財を蓄えて、家督を譲り、やがて年老いてから出家するという、これが最も理想的な人生ではないかと、彼らは考えました。沙門たちを尊敬し受けいれている社会勢力に向かっての対抗措置だったのでしょう。

お釈迦さまが出家される時も、何とか考えなおして出家を思いとどまってもらうために、きっとこんな考えももちだされたでしょう。後の仏伝にはそういう場面が描かれていますね。

そこで止まれ、卑しい沙門め

お釈迦さまが仏陀になられてからのことですが、アッギカ・バーラドヴァージャ（火に事えるバーラドヴァージャ）という名のブラーフマナのところへ、乞食に行かれました。するとそのブラーフマナはお釈迦さまを見て、「そこで止まれ、禿頭《はげあたま》。そこで止まれ、卑《いや》しい沙門め。そこで止まれ、ヴァサラめ」と言うのです。

「ヴァサラ」とは、賤民《せんみん》を指す呼称です。最不浄とされたチャンダーラもヴァサラと言われます。この経典の一節は、当時のお釈迦さまをはじめ沙門たちが、ブラーフマナたちからどのように見られていたか、その一面を表わすものです。

ヴァサラとは何か

そこでお釈迦さまは、ヴァサラとは何であり、どうしてヴァサラになるのかをお説きになりました。

怒りやすく邪悪で嘘をつき欺《あざむ》くもの、村や町を破壊し殺すもの、盗むもの、借りたものを返さないもの、偽りをいうもの、悪を隠すもの、慢心で、恥知らずのもの、これをヴァサラと言うのであると。そして続けてこのように説いておられます。

生まれによってヴァサラになるのではなく、生まれによってブラーフマナになるのではない。行為（業）によってヴァサラになり、行為によってブラーフマナになる。

（『スッタ・ニパータ』一四二）

賤民のヴァサラとは対極にある、浄らかで貴いとされるブラーフマナもまた、生まれではなく行為によるのだと、あわせて説いておられます。人の賤《いや》しさや貴《とうと》さは、生まれによるのではなく、その人の行為によるのだというのです。

人間に生まれによる区別はない

ブラーフマナは生まれによるのではないという限り、当時の社会通念を破る積極的な見解のように思います。しかし、行為によってブラーフマナになると聞くと、やはりブラーフマナという階級を認めているのだと思ってしまいます。

ブラーフマナ出身の二人の青年ヴァーセッタとバーラドヴァージャ（前と同名であるが別人。ブラーフマナの名前には多い）は、ブラーフマナになるのは生まれによるのか行為によってなのかを論じて、互いを説得できず、お釈迦さまの考えを聞きに行きます。

お釈迦さまはこのように説かれました。要点だけを話します。草木や虫や動物や魚などには、生まれによる区別がある。しかし人間には生まれによる区別はなく、その差異はみな名称で語られる。それはこうである。牛を飼って生活するものは農夫であり、技能によるものは職人であり、交易によるものは商人であり、盗みで生活するものは盗人であり、弓矢によるものは兵士であるというように。ではブラーフマナという名称は何によるのか。それは、執着を超え束縛なきものの、苦の消滅を知ったもの、深い智慧あるもの、不死に深く入ることを得たものの、漏尽《ろじん》(苦の因を断じた)の阿羅漢、仏陀のことを、ブラーフマナと言うのだと。そしてこのように説きます。

生まれによってブラーフマナになるのではなく、生まれによってブラーフマナではないものになるのではない。行為によってブラーフマナになり、行為

によってブラーフマナではないものになる。（『スッタ・ニパータ』六五〇）

ここで「ブラーフマナ」という言葉の意味は、もはやカースト制の一つの階級を指していません。お釈迦さまにとっての真実の人間の在り方すなわち仏陀を意味しています。

他の経典中でも真実の求道者を指して「ブラーフマナ」と言っています。つまり「カースト反対」「ブラーフマナ反対」と言わないのです。そのかわりにその意味をまるっきり変更して用いているのです。

四姓は平等である

この二人の青年は、高名なブラーフマナの弟子だったのですが、後に出家して仏弟子になります。そこでお釈迦さまは、ブラーフマナたちが二人を罵《ののし》り非難していないだろうかと案じて尋ねられます。

ヴァーセッタは答えます。ブラーフマナたちは、「おまえたちは、最上のヴァルナを捨て、下劣なヴァルナに、すなわち、禿頭で、卑しい沙門で、下賤な黒いものたちで、ブラフマンの足より生まれたものたちに従っている。これはよろしくない、これはふさわしいことではない」と言っていると。

そこでお釈迦さまは説きます。四つのヴァルナ（四姓）がある。クシャトリヤ（王族）、ブラーフマナ（婆羅門、司祭者）、ヴァイシャ（庶民）、シュードラ（隷民）である。この中でどのヴァルナであれ、ある者は殺生し、盗み、邪婬をなし、嘘をつき、貪り、怒り、邪見《じゃけん》（間違った考えをもつ）である。また反対にどのヴァルナであれ、ある者は殺生せず、盗まず、邪婬をせず、嘘をつかず、貪りなく、怒りなく、正見《しょうけん》（正しく事実を認める）のものである。どのヴァルナにもこの二つの性質をもつ者が混ざっている。だから、ブラーフマナだけが最上であるなどとは認められないことである、と。（長部経典二十七「世起経《せいきぎょう》」）

いかなる行為をなすかということは、ヴァルナや生まれによって決まるのではなく、その人自身の問題なのです。だからこの行為という点から見るなら、四つのヴァルナはまったく平等である、と説かれています。したがってまた、どのヴァルナであっても、みな出家して沙門となることができると言うのです。

僧伽にはさまざまな出身のものたちがいましたが、みな平等です。法臘《ほうろう》と言って、先に歩み出したものが後に入ってきたものを指導するという順序があるだけでした。

沙門釈子《しゃくし》――ただおなじ名で歩むものたち

もしも「あなたは誰か」と問われたら、沙門釈子（釈迦族の子である釈尊の教えに順う者の意。沙門釈種子とも訳す）と名のればいいと、お釈迦さまはヴァーセッタに言っています。

たとえばガンガー、ヤムナー、アチラバティーなどの大河が流れて大海に入れば、もとの河の名や姓を捨て、みな同じ一つの塩味の大海とのみ言われるように、四つのヴァルナも同様に、仏陀のもとに出家すれば、もとの名や姓を捨て、ただ沙門釈子とのみ言われるという喩えも用いられます。

このように、仏教は、行為（業）に平等の原点をみているのです。さらに言えば、死を前にして本当によく意欲し行為する者こそが、最上の行為者と呼ばれるのでしょう。

第7章　大般涅槃と経典の編纂

晩年のお釈迦さま

教えは広がる

お釈迦さまは、三十五歳で仏陀になられてから、四十年以上にわたって、遊行《ゆぎょう》（定住地をもたない生活）しながら教えを広め、とてもたくさんのお弟子さんができました。南はマガダ国の王舎城から、北はコーサラ国の舎衛城まで、その間を何度も行き来されています。王舎城のビンビサーラ王（頻婆娑羅王《びんばしゃらおう》）も、舎衛城のパセーナディ王（波斯匿王《はしのくおう》）も、お釈迦さまの教えに人生のよりどころを見出した人です。なかでもパセーナディ王への教説が数多く残されています。

また生まれ故郷である釈迦族の町カピラヴァストゥにもしばしば訪れておられます。釈迦族の多くの青年たちが出家しました。お釈迦さまの従兄弟《いとこ》にあたるアヌルッダ（阿那律《あなりつ》）、デーヴァダッタ（提婆達多《だいばだった》）、アーナンダ（阿難《あなん》）や、異母弟のナンダ（難陀《なんだ》）などがそうです。やがては息子のラーフラ（羅睺羅《らごら》）も出家します。また後には、アーナンダの仲介で、養母マハーパジャーパティ（摩訶波闍波提《まかはじゃはだい》）が出家して女性の比丘尼僧伽《びくにサンガ》ができることになりました。

このように、すぐれた多くのお弟子さんを得たお釈迦さまでしたが、晩年には悲痛な事件がいくつか起きています。

デーヴァダッタによる僧伽分裂の企て

従兄弟のデーヴァダッタは、お釈迦さまとともに少年時代から親しく遊び、また競い合って育ったに違いありません。今ほど言いましたように、他の青年たちとともに出家して仏弟子となりました。

しかし彼は、お釈迦さまが多くの弟子たちに囲まれ、多くの人びとから敬われていることを嫉《ねた》ましく思い、お釈迦さまに代わって自分が僧伽を率いていきたいと思うようになったのです。

名利《みょうり》（名声と利得を求めること）に心が奪われてしまったのだと伝えられています。まずは王舎城の太子であったアジャータサットゥ（阿闍世《あじゃせ》）の歓心《かんしん》を買い、童子の姿になって太子の唾を飲み込むことまでしました。そのため「唾を飲んだやつ」と蔑《さげす》まれています。

そして自分はお釈迦さまに代わって僧伽を率いるものとなるから、アジャータサットゥは王位を奪えと唆《そそのか》します。

デーヴァダッタは、新たな戒《かい》（生活規範）の条項を定めて提案するのですが、お釈迦さまは認めません。そこで、多くの仏弟子たちを連れ去って、別の僧伽を作ろうとしました。しかしサーリプッタやモッガッラーナのはたらきで、弟子たちは元に戻り、事なきを得ます。最後には、崖から岩を投げ落とすなどして、お釈迦さまの殺害を試みたのですが、これも失敗しました。

結局、デーヴァダッタは、僧伽分裂を企てるという重罪を犯したので、僧伽からの追放となったに違いありません。しかし、大地に陥入《かんにゅう》して無間地獄《むけんじごく》（苦しみが絶え間なくやってくる地獄）に堕《お》ちたと伝えられているだけです。

アジャータサットゥの反逆と懺悔

王舎城の太子アジャータサットゥは、デーヴァダッタの教唆《きょうさ》にしたがって、父王ビンビサーラを牢獄に閉じ込め殺害して王位を簒奪《さんだつ》しました。

ところが王位についたアジャータサットゥは、何の罪もない父王を殺してしまったことを後悔しはじめます。そして五逆罪《ごぎゃくざい》（地獄に堕《だ》すほどの重罪）の一つである父殺しのために、地獄に堕すことを恐れねばなりません。悔いと恐れで安眠できず、苦しみ悩みます。

大臣であり医者であったジーヴァカ（耆婆《ぎば》）は、お釈迦さまに会いにいくことをすすめました。アジャータサットゥ王は、疑心暗鬼のままそのすすめにしたがいます。そしてお釈迦さまに会い説法を聞きます。

説法を聞いたアジャータサットゥ王は、三帰依をして、これから自分をウパーサカ（在家の仏教徒）として受けいれてくださいますようにと願います。そして自らの罪を告白し懺悔《さんげ》しました。お釈迦さまは、罪を犯したアジャータサットゥ王を受けいれました。

夜も昼も眠ることができなかった王は、お釈迦さまから法を聞いた時から、眠ることができるようになったのです。不安におびえる生活の中で、本当に信頼できるものを見出したからなのでしょう。

この事件が起きたのは、お釈迦さまが生涯を終えられる八年前のことであったと伝えられています。

パセーナディ王の苦難

舎衛城のパセーナディ王は、お釈迦さまが生まれた釈迦族ともっと親しくなろうと思い、釈迦族の娘を王妃として迎えようと、使者を立てました。ところが釈迦族の者たちは、敵であり、家系も同じでないものに娘を与えることはできないと思ったのです。そこで、大臣のマハーナーマとその下女との間にできた娘を差し出したのです。

やがて息子が生まれヴィドゥーダバ（毘瑠璃《びるり》）と名づけられました。青年になったヴィドゥーダバは、母の故郷を訪ね、自分の出自を知って、釈迦族への怨みをいだくことになりました。

パセーナディ王には、とても公正ですぐれたバンドゥラという将軍がいました。その将軍の公正さを疎ましく思った者たちは、将軍が王位を狙っていると、誹謗中傷します。パセーナディ王は、それに唆されて、将軍とその息子たちを殺害してしまいます。そして後に何の罪もなかったことを知って、罪滅ぼしに将軍の甥であるディーガカーラーヤナを将軍にします。しかし彼は、自分の叔父一族を殺した王を許してはいませんでした。

王は、無実の将軍を殺して、後悔し、喜びが得られず、王であることを楽しむことができなくなりました。そこでお釈迦さまにお会いしようと訪ねていきます。

ところが、王がお釈迦さまを訪ねている時に、将軍ディーガカーラーヤナは、兵隊をみな引き返させて、王に一人の侍女だけを残して置き去りにしました。そして、ヴィドゥーダバを王位につけたのです。

訪問を終えた王は、自分が追放されたことを知り、一人の侍女を連れて、庇護《ひご》を求めて王舎城のアジャータサットゥ王のところに向かいましたが、城門のところで力尽き死んでしまいました。

王が、お釈迦さまを最後に訪問した時のことです。争わず、乳と水とのように溶け合い、心を一つに和合《わごう》している比丘たちを見て、「このように和合している人びとの集まりをほかに見たことがない」と王は言って、称《たた》えています。争いの中にあるわが身のことが思い返されていたのでしょう。そして、お釈迦さまと自分は同じ八十歳だと語っています。（中部経典八十九「法尊重経」）

釈迦族の滅亡

王となったヴィドゥーダバは、積年の怨みをはらすために、釈迦族を皆殺しにしようと、軍隊をカピラヴァストゥに差し向けます。そのことは、お釈迦さまのところにも聞こえてきました。お釈迦さまは、カピラヴァストゥの境界で、まばらな葉をつけた木陰《こかげ》に坐って待っていました。

やって来たヴィドゥーダバ王は、お釈迦さまに、「こんなに暑い時に、どうしてまばらな葉陰の木の根もとに坐っておられるのか」と尋ねました。お釈迦さまは、「どうぞお構いなく。親族の木陰は涼しいのです」とお答えになったのです。その心を理解した王は、引き返しました。しかし、やがてまた軍隊を差し向けます。お釈迦さまも同じく坐ってお待ちになります。三度目も同じでした。四度目には、お釈迦さまは出かけられませんでした。お釈迦さまは、釈迦族の過去の業を観察されたのです。釈迦族はかつて、水争いのため、河に毒を投げ込みました。この悪業の果報を避けることはできないと知ったから出かけられなかったのです。そこで、ヴィドゥーダバ王は、釈迦族を皆殺しにしてしまいました。

これらの事件は、お釈迦さまご自身が引き起こしたものではありませんが、お釈迦さまが仏陀となられたがために起こったものだとも言うことができるでしょう。身をもって社会に生きるということの悲痛な一面です。

大般涅槃《だいはつねはん》

自灯明法灯明《じとうみょうほうとうみょう》

お釈迦さまは、アーナンダ（阿難）をお伴にして、王舎城から最後の遊行に出られました。そしてクシナガラという地でご生涯を終えられるのですが、その数か月間のことが『大般涅槃経《だいはつねはんぎょう》』（長部経典十六）に伝えられています。

ベーサーリーの町の近くベールヴァ村に来られた時、雨期に入り安居《あんご》（雨期の間、遊行せずに住まること）のため、そこで住まることになりました。その時お釈迦さまは、激しい苦痛にみまわれ病にかかりましたが、ほどなく回復されます。とても心配したアーナンダはほっとして、「何も語られずにこのまま入滅されることはないだろうと思っていました」と、安堵の気持ちを伝えたのです。

するとお釈迦さまは、アーナンダに向かって、「もう何もかもすべて話した。いまや年老いて旅路の果てで、歳も八十となり身体もやっと動いている」と言われます。そしてこのようにお説きになりました。

汝たちは、自らを灯明とし、自らをよりどころとし、他をよりどころとせず、法を灯明とし、法をよりどころとし、他をよりどころとせず住するがよい。

（『大般涅槃経』二・二十六）

闇夜に道を照らす灯りをたよりに進むように、自己と法（教え）をよりどころにして歩みなさい、他によらず自己と法によって歩みなさいと言われるのです。なおまだ疑いと不安の中にあると思うものには、まことに厳しい言葉です。でもまたこれほどに勇気を与えてくださる言葉はないでしょう。お釈迦さまから本当に信頼されているということです。

如来の最後の言葉

遊行の先々で、町や村の人たちは競い合うようにして、お釈迦さまに供養しました。パーヴァー村では鍛冶工のチュンダが供養しようと食事に招きました。ところがその食事の後に、激しい苦痛が生じ、血のまじった下痢が続きました。それに耐えながら、お釈迦さまはクシナガラの沙羅林まで来て、二つの沙羅《さら》の木(沙羅双樹)の間に身を横たえられました。そして次のように、最後の言葉を残して、生涯を終えていかれました。

「さあ、比丘たちよ、いま、汝らに言っておこう。形あるものは滅びゆくものである。不放逸《ふほういつ》に努めよ」。

これが如来の最後の言葉であった。

（『大般涅槃経』六・七）

お釈迦さまは、諸行無常と知って出家され、人生の最後にも諸行無常であると説かれます。そして、その苦の真実から眼をそらさず、不放逸に、すなわち心をほしいままにしてゆるすことなく、道を達成しなさい、と最後に言って、いのちを終えていかれたのです。

般涅槃とは何だろう

仏陀であるお釈迦さまがこのようにいのち終えられたことを「大般涅槃《だいはつねはん》」と、仏弟子たちは受けとめました。仏陀の般涅槃《はつねはん》ですから、偉大な般涅槃、あるいは偉大なかたの般涅槃という意味で、大般涅槃というのです。

般涅槃（パリニルバーナ）と、涅槃（ニルバーナ）とは、形からすれば同じ言葉ですが、使い方が異なり、意味が異なります。涅槃は、苦の消滅を意味します。お釈迦さまにとっては、その涅槃を三十五歳の時に経験して仏陀になられたのです。それに対して般涅槃は、道を求めて歩み出したものがその生涯を終えた時に語られる言葉です。つまり死を指して用いられるのです。しかも死を指しているのですが、その死の意味を問題にしているのです。

お釈迦さまは、何人もの仏弟子の死にあってこられました。その時に、この人は般涅槃したのかどうかと問われることがあります。それは、この仏弟子は、そのために出家して歩みはじめたその目的を達成して死んでいったのかどうかを尋ねるものなのです。

何人かの仏弟子に対して、般涅槃して死んでいったと答えておられるお釈迦さまの言葉が伝えられています。「彼は、渇愛を消滅して般涅槃していきました」と答えておられます。つまり、般涅槃したというのは、その人が仏道を成就した人生を送ったということを語る言葉なのです。最後の死において、人生全体の意味が問われ語られているのだといえるでしょう。

どういう死を死んでいったのかは、どういう人生を生きたのかと一つのことです。だから般涅槃したとは、人として生まれたその意義を本当にまっとうして生ききったということにほかならないのです。ですからまた仏陀であるお釈迦さまの生涯は、大般涅槃という意味をもっているのです。

どういう人生であったのかということは、後に残ったものにとっては、ことさら大事な意味をもちます。それでこの言葉はよく用いられることになります。やがて大乗仏教では、衆生たちを般涅槃に導くということが、菩薩《ぼさつ》の仏道の目標とされます。

またこの言葉は「滅度《めつど》」とも漢訳されます。般涅槃したことを、滅度を取るとか、滅度に入るとも言い、略して入滅するとも言うのです。あるいは、言葉の形が同じですから、般涅槃したことを、入涅槃《にゅうねはん》（涅槃に入る）と言うこともありますす。どういう用い方なのかによって意味は明らかになるので、決して誤用とは言えないのですが、意味を取り違いやすいので、注意したい言葉ですね。

仏弟子たちの悲しみ

お釈迦さまの般涅槃をまのあたりにしたお弟子さんたちのことが語られています。

世尊が般涅槃された時、そこにいた貪愛《とんあい》を完全に離れていない若干の比丘たちは、両腕をあげて泣き、砕《くだ》かれ落ちるように崩《くず》れて、前に後ろにころがりまわった。「世尊はあまりにも早く般涅槃された」と言って。

また貪愛を完全に離れた比丘たち（仏道を成就した阿羅漢たち）は、念いをたもちまさしく知りつつ、耐えた。「諸行は無常である。だからどうしてここにそのままありえよう」と言って。

（『大般涅槃経』六・十）

生活の中心を失って悲しみ嘆くものと、その悲しみにじっと耐えるものたちのすがたが伝わってきます。とくに道の途上にあるものたちは、もし疑いが起こったらいったい誰に尋ねたらいいのかという不安の中で、途方に暮れたでしょう。

試練のはじまり

師を失って悲しむお弟子さんたちの中の、一人の比丘の言葉が記されています。

やめなさい、友らよ。悲しむな。嘆くな。われらは、あの大沙門からすっかり解放されたのだ。これはふさわしい、これはふさわしくないと言って、われらは悩まされてきた。いまやわれらは、欲することをなし、欲しないことをしなければいいのだ。

（『大般涅槃経』六・二十）

これは、年老いて出家したスバッダの言葉として伝えられています。彼もまた、お釈迦さまを仏陀であると信じて歩みはじめたお弟子さんだったでしょう。それなのに、お釈迦さまが般涅槃されて、彼はすっかり解放されたと思ったのです。

お釈迦さまが仏陀になられたその同じ真実にふれることによって確かな信仰をもった歩みがはじまるのです。しかしスバッダの信仰は、そんな揺るぎない確かなものではなく、むしろ外から強制され支配されているような信仰となっていたのでしょう。

ここに信仰の危うさが語られています。これもまた、お釈迦さまの教えを受けた初期の仏教徒たちが伝えていることなのです。信仰は、私たちの生活を支え安らかさと静かな喜びをもたらすものです。しかしまたとても崩れやすく危ない信仰もあるのです。

仏弟子たちの歩みが試されるのは、実はこれからなのでしょう。学びは深く道のりは遠いです。

阿含経《あごんきょう》の成立

遺骨供養《いこつくよう》

クシナガラで生涯を終えられたお釈迦さまの遺体は火葬されました。荼毘《だび》（火葬の音写語）にふすと言います。遺骨が残りました。それを舎利《しゃり》と言います。

その時、マガダ国のアジャータサットゥ王（阿闍世王《あじゃせおう》）が、お釈迦さまの遺骨をもらいうけるために、使者と軍隊を派遣してきました。するとまわりの他の王や部族たちも同じように軍隊を送り込んできて、遺骨を奪い合う軍事衝突になろうとしたのです。

幸いに、仏陀の遺骨のことで争ってはいけないと、調停者が現われ、みな等しく分配することになりました。これを八王分骨《はちおうぶんこつ》と言います。それぞれ遺骨をもちかえって遺骨を納める塔を建てました。それが仏塔《ぶっとう》（ストゥーパ）です。

この事件は、何を意味しているのでしょうか。仏陀への信仰心からくるものでしょうか。お釈迦さまは争いを超える道をお説きになったのです。だからその苦しみや争いを超える道があると信ずる心によるものだとはとうてい考えられません。

諸王が武力をもってしてでも奪い取ろうとするのですから、政治的にも必要だったのでしょう。実は、これから二百年ほど後に北インドを統一してマウリア朝という大帝国が現われます。その三代目のアショーカ王が、仏教徒になり、お釈迦さまの遺骨を集めて再分配し、その領土全域に八万四千もの仏塔を建てたと言われています。

これも遺骨供養なのです。遺骨を前にして仏陀を供養するという意味です。このアショーカ王による仏塔建立と、先の八王分骨とは、生活の深い根っこのところでつながっているように思われます。

というのは、仏教以前から供養の生活と言われるものがあるのです。供養とは、尊いものを仰ぐことです。そしてそのことによって福徳（将来の幸せを保証するものと考えられた）を積みあげ、誰もみな幸せになりたいと、祈るように供養の生活を送ってきました。これは幸せを求める民衆の祈りです。

人びとのこのような深い願いに応えようと、仏教もまた新たな展開を示していきます。それはもっと後のことですが、やがて大乗仏教が現われる課題にもつながっていくのです。

教説と規律の編纂

お釈迦さまが入滅された直後の雨期の安居の時に、仏弟子五百人（五百阿羅漢）が王舎城に集まりました。その時には、仏弟子のサーリプッタやモッガッラーナはすでにいのち終えていましたので、マハーカッサパ（摩訶迦葉《まかかしょう》）が僧伽を率いていています。

彼は、お釈迦さまの教えが間違って伝えられたり失われたりする前に、正しく伝承されていくようにしようとしたのです。すでに道を成就している仏弟子五百人を選び出し、その全員で、お釈迦さまによって説かれた教説と、制定された規律とを確認する集会を開いたのです。それを結集《けつじゅう》と言います。一つひとつの教説や規律をみなで声を出して確認していったので、合誦《ごうじゅ》（一緒に唱和する）とも言います。

僧伽の規律、すなわち戒律は、およそ二五〇ほどの条項があります。それがどんな時にどういう理由で制定されたのかについても、一つひとつみなで確認されました。その中心になったのが、持律《じりつ》第一（規律を記憶することにすぐれていた）と言われたウパーリ（優波離《うぱり》）でした。

お釈迦さまの教説すなわち法は、多聞第一《たもん》と言われたアーナンダ（阿難）が中心になって編纂されました。お釈迦さまの教説とは、仏弟子の問いに対してお釈迦さまがそれに応答した教えの言葉が基本になっています。

アーナンダがまず「私はこのように聞いています」（如是我聞《にょぜがもん》）と始めて、お釈迦さまがどこにおられて、そこに居合わせた比丘やあるいは在俗のものが各々の問いを出した時のことでした、などと唱え出すと、みなすでに記憶していますから、それはどの教説のことなのかがわかって、その後をみなで唱和して確認するというものだったのでしょう。

どの教説も特定の人に対して説かれたものですが、仏弟子たちはそのすべてを記憶して共有していたということです。だからまた「私はこのように聞いています」というその「私」とは、まずはアーナンダですが、その教説を共有してそこで共に誦出《じゅしゅつ》している仏弟子たちすべてのことでもあるのです。

そしてそこには、教説を直接に聞いた者たちが集まっているのですから、みな身に覚えがあるものたちなのです。例えば、鹿野苑で最初の教説を聞いた五比丘の一人コンダンニャは、その時すでに八十半ばの老人でしょう。アーナンダが四聖諦の教説を唱えだした時、「これは私のために説いてくださったものだ」と、その感激のあまり失神してその場で倒れてしまいました。しかも一つの教説が唱えられるたびに感きわまって倒れたと言われています。これはチベットにのみ伝わる逸話《いつわ》ですが、仏弟子たちの思いがとてもリアルなので紹介しました。

阿含経

このようにして確認され編纂された教説が、阿含《あごん》（アーガマ・伝承という意味）として伝えられてきました。紀元前五世紀のころですから、すべて記憶による伝承です。つまり口頭伝承の文化なのです。したがって、編纂された教説も、その文化の型にあった形で伝承されました。というのは、記憶し伝えやすいという原理にあった形式で伝承されるのです。例えば、音韻をもつ詩（偈《げ》、伽陀《かだ》）や、要約したもの（経《きょう》）や、喩えを用いたもの（譬喩《ひゆ》）など、九種類から十二種類の形式があったようです。

経（スートラ）とは、糸の意味ですが、花輪を作る時に花を連ねて輪にした糸のことで、要約された教えの花を糸に通して輪にしたものという意味です。しかし経という形式は、かなり早い時期に、教説を伝承するすべての形式を代表するものとして用いられ出したようです。ですからどの教説も経と言われます。そして伝承されてきた教説全体は阿含経と言われているのです。

阿含経とは、お釈迦さまから直接に教説を聞いた仏弟子たちが編纂して伝えた仏陀の教説のすべてを意味しているのです。そしてそれは現代の今日にまで、古代インドのパーリ語や漢訳によって伝えられ、そのほとんどは、現代の日本語にも翻訳されています。

如是我聞──問いとうなずき

先に言いましたが、伝承された教説すなわち経（経典というのは文字になったもの）はすべて「如是我聞《にょぜがもん》」から始まります。

その「如是《にょぜ》」（エーヴァム）とは、聞きとった教えの内容を指して「このように」と言っているのです。そしてまた「如是」は、「なるほど」「確かに」といったうなずきをともなって、「そのとおりです」と肯《うべな》い応答する言葉としても用いられます。

ですからこの「如是我聞」の「如是」には、教えを聞いて「なるほどそのとおりです」と受けいれた事実にもとづいて、「このように私は聞いています」と語り出しているのだと考えるべきでしょう。

お釈迦さまの教説とは、仏弟子たちの問いに応えたものだと先に言いました。というのは、仏弟子たちには、仏陀に、どうしても問い尋ねなければならない問いがあるからなのです。たくさんの教説あるいは経が説かれていますが、その一つひとつに仏弟子の問いがあるのです。お釈迦さまから、その問いに応えていただいた教えを聞いて、仏弟子は、「如是」と喜びうなずき、「如是」とその喜びを語り伝えているのです。

また、お釈迦さまに問い尋ね、その教えを直接に聞いた仏弟子が、その教えを僧伽に伝えます。そのようにして間接的に教えを聞いたものが、最初の仏弟子の問いを自己の問いとして内面化するならば、彼にもまた如是我聞が成立するのです。まったく同じ問いを問う心をもって、同じ教えを聞きとることになるからなのです。

それは、時代を超えて、この現代を生きる私たちにも成り立つことなのです。

私たちもまた、お釈迦さまの心を仰ぎお釈迦さまの声を聞くことができるのです。私たちにも如是我聞が現われるのです。

どうか、みなさまが聞きとられたお釈迦さまからのメッセージを、共に生きる多くの人たちに伝えてくださいますよう願ってやみません。

あとがき

本書は、首都圏にて開催された「仏教学入門講座」での講義をもとに、月刊誌『同朋』(東本願寺出版発行) で連載された「仏教学入門—お釈迦さまからのメッセージ」(二〇一七年七月号～二〇一九年三月号) の内容を、一冊にまとめたものです。

青年ゴータマの問いを学び、私たちもまた同じく問い、青年ゴータマの歩みを支えた心と一つになるまでに問いつづける。これが仏教学のはじまりであり、中心であり、きわまりです。このような仏教の学びを「一緒にしませんか」と呼びかけるようにしてお話ししてきたものが、このたび「真宗新書」として発行されましたことに大変よろこびを感じております。

各章の扉に配置されたイラストは、『同朋』連載時に各回のテーマごとのイラストを載せてくださるよう出版部にお願いしたものです。このふんわりとしたイラストが、私のいくぶん硬めの口調をやわらかく包み込んで補っていただくには格好のものでした。ここに、なにほどかの新しいお釈迦さまのイメージが伝えられているとすれば、このイラストのおかげなのです。この場をかりて御礼申し上げます。

また各回の講座で熱心に聞いてくださる聴講者の皆さまは、私にとってとても大きな励ましでした。さらには、この講座を企画していただき細やかな配慮のもとに運営していただいた真宗大谷派首都圏教化推進本部の皆さま、そして『同朋』誌の連載から本書発行に至るまで東本願寺出版の皆さまには大変お世話になりました。ここに厚く御礼申し上げます。

二〇二〇年二月

宮下　晴輝

著者略歴

宮下晴輝（みやした・せいき）

1949年石川県生まれ。金沢大学法文学部卒業。大谷専修学院卒業。大谷大学大学院文学研究科仏教学専攻博士後期課程満期退学。現在、真宗大谷派教学研究所所長、大谷大学名誉教授。真宗大谷派擬講。専門は仏教学。著書に『摂大乗論第十章彼果智分の考究』（東本願寺出版）。編著に『仏教とキリスト教の対話Ⅱ』（法藏館）。

はじめての仏教学《ぶっきょうがく》 ―ゴータマが仏陀《ぶっだ》になった

2020（令和2）年5月28日　第1刷発行
2024（令和6）年6月5日　第2刷発行

著　者……宮下晴輝
発行者……木越　渉
編集発行……東本願寺出版（真宗大谷派宗務所出版部）
〒600-8505　京都市下京区烏丸通七条上る
TEL　075-371-9189（販売）
　　　075-371-5099（編集）
FAX　075-371-9211

印刷・製本……中村印刷株式会社

乱丁・落丁本の場合はお取替えいたします

ISBN978-4-8341-0620-6 C0215